Trennungsgedanken

„Die Gefahr, dass der Computer so wird wie der Mensch, ist nicht so groß wie die Gefahr, dass der Mensch so wird wie der Computer."

Konrad Zuse

(Erfinder und Entwickler des ersten Computers der Welt, 1910-1995)

Dirk Stegner

Trennungsgedanken

Über die Nebenwirkungen der Digitalisierung einer analogen Welt

Bibliografische Information der Deutschen Nationalbibliothek:
Die Deutsche Nationalbibliothek verzeichnet diese Publikation
in der Deutschen Nationalbibliografie; detaillierte bibliografische
Daten sind im Internet über http://dnb.dnb.de abrufbar.

Illustration: **Dirk Stegner – www.anders-sign.de**
Herstellung und Verlag: BoD – Books on Demand, Norderstedt

ISBN-Nr.: 978-3-7528-9886-6

Vorwort

Ich weiß nicht, wie es Ihnen mit diesem Thema geht.
Die Digitalisierung, und ihre meist ganz analogen
Folgen hinsichtlich des menschlichen Miteinanders,
beschäftigen mich persönlich aber bereits seit
geraumer Zeit. Klar, ich habe ja auch über zwanzig
Jahre als Wirtschaftsinformatiker gearbeitet. Da
beschäftigt man sich natürlich schon von Berufs
wegen gerne und ausgiebig mit moderner Technik,
aber das meine ich in diesem Fall gar nicht.

Sorgen machen mir da viel mehr die negativen Konsequenzen, die die immer weiter voranschreitende Digitalisierungswelle Tag für Tag so mit sich bringt. Im zwischenmenschlichen Bereich zum Beispiel oder in der Ausbildung unserer Jüngsten. Dank der in allen Lebensbereichen immer allgegenwärtigeren digitalen Hilfsmittel, habe ich leider den Eindruck, dass die Menschlichkeit zunehmend auf der Strecke bleibt. Oder besser gesagt, ich fühle es, denn messen und an irgendwelchen Kennzahlen festmachen kann ich es im Moment unglücklicherweise nicht.

Wenn ich sehe, wie Jugendliche und Erwachsene den Blick immer seltener über den Rand ihres Handys hinaus schweifen lassen, ohne dabei mit ihrem menschlichen Gegenüber auch nur ein Wort zu wechseln, dann wirkt das auf mich irgendwie besorgniserregend. Mit flinken Daumenbewegungen kommunizieren sie dabei mit hunderten virtueller Freunde rund um den Erdball, ohne die real existierenden in ihrer Nähe auch nur eines Blickes zu würdigen, geschweige denn mit ihnen zu sprechen. Sie sind digital in der ganzen Welt zu Hause, aber physisch nirgendwo mehr daheim, so scheint es. Auf diese Weise funktioniert globale Kommunikation wohl heute.

Die Folgen der Digitalisierung wirken im Moment ähnlich skurril, wie die Probleme Schiffbrüchiger in einem Rettungsboot auf hoher See: Man droht zu verdursten, obwohl man von Abermillionen Litern Wasser umgeben ist. Natürlich kann man Salzwasser nicht trinken, aber auf den ersten Blick sieht es tatsächlich so aus, als könne man es. Ähnlich verhält es sich mit künstlich intelligenten Systemen, wie Siri oder Alexa. Man kann mit ihnen zwar sprechen, doch tiefsinnigere Dialoge? Fehlanzeige. Salzwasser und digitalisierte Menschlichkeit haben also zumindest eines gemein: auf ihre jeweils ganz eigene Weise, führen beide bei ausgiebigen Konsum zu einer Art von innerlicher Vertrocknung.

Während Computer, Autos und Haushaltsgeräte in Sachen Eigenleben immer menschlicher werden, habe ich den Eindruck, dass es sich mit den Menschen genau umgekehrt verhält. Sie orientieren sich zunehmend an den Eigenschaften ihrer eigenen maschinellen Schöpfungen. Digitale Rechner laufen rund um die Uhr, also wäre es doch schön, wenn auch der Supermarkt um die Ecke am besten vierundzwanzig Stunden geöffnet hätte. Nur bedienen dort eben immer noch Menschen die Kasse und keine Roboter!

Andererseits ist die Technik ja auch in vielen Bereichen ein echter Segen. Wo stünde beispielsweise die moderne Medizin ohne Computertomographen oder hochkomplexe Analysetechnik? Wie mühselig sähe meine Urlaubsvorbereitung in Ermangelung digitaler Routenplanung und Onlinebuchung aus? Das alles hat sicherlich auch gravierende Vorteile. Also zurück in die Steinzeit, nur weil die Digitalisierung scheinbar nicht ganz nebenwirkungsfrei ist?

Irgendwie auch keine Lösung. Es bleibt ein schwieriges Thema, das nicht nur mein Leben in vielen Bereichen berührt. Sollte man tatsächlich bewusst und großflächig auf moderne Technik verzichten? Geht das heutzutage überhaupt noch und wie sinnvoll wäre das denn? Sicher kein leichtes Terrain. Was wohl meine innere Stimme mal wieder dazu sagen würde?

Coburg, im Januar 2020.

7. November 2018

Mann, wie die Zeit vergeht. Jetzt ist schon wieder ein halbes Jahr vergangen, seit wir uns über das Thema Wahrheit[1] unterhalten haben. Zwischenzeitlich ist so manches passiert und noch viel mehr Dinge brennen mir irgendwie unter den Nägeln.

---

[1] Stegner, Dirk – „In Wahrheit ich: Wie die Sichtweisen anderer mein Leben beeinfluss(t)en.", BoD 2018

Aha.

Was heißt „aha". Etwas inniger hätte ich mir die Wiedersehensfreude schon vorgestellt. Bist Du gar nicht neugierig darauf, welche Themen ich meine?

Doch, sehr. Ich wollte Dich nur ausreden lassen.

Ich habe mich in den letzten Jahren beruflich intensiv mit dem Thema Lernen auseinandergesetzt, wie Du weißt. Dabei bin ich über einige Dinge gestolpert, die mich sehr nachdenklich gestimmt haben.

An welche denkst Du da genau?

Ich spreche von der Tatsache, dass das Vertrauen in die moderne Technologie grenzenlos zu sein scheint, wenn man ihr nun schon die Ausbildung des eigenen Nachwuchses völlig bedenkenlos anvertraut.

Jetzt bin ich aber baff. Du als Wirtschaftsinformatiker hast Zweifel am Nutzen Eurer neuesten Generation digitaler Helferlein?

Zieh mich bitte nicht auf! Ich meine das sehr ernst. Es kann doch nicht sein, dass immer mehr Kinder Schwierigkeiten beim Lernen haben und keiner den Zusammenhang erkennt!

Welchen Zusammenhang?

Na die Verbindung zwischen Lern- beziehungsweise Entwicklungsstörungen und dem zu frühen Einsatz elektronischer Lernhilfen, wie Tablets oder Smartphones. Stell Dir bitte vor, da gibt es Kinder, die bereits motorische Defizite aufweisen. Sie beherrschen zwar perfekt die wischenden Gesten, die zur Bedienung dieser Geräte notwendig sind, können aber die einfachsten händischen Tätigkeiten nicht problemlos ausführen.

Das ist schon schlimm.

Selbst einfaches Händewaschen mit einem runden Stück Seife, über das meine Generation damals nicht im Traum hätte nachdenken müssen, fällt jüngeren Kindern mittlerweile schwer. Und all das nur, weil sie kaum noch Gelegenheit haben, ihre Motorik spielerisch zu entwickeln und zu vervollkommnen. Es ist ja schließlich wichtiger, dass sie bereits im

Grundschulalter einen Computer perfekt bedienen können!

Du bist heute ziemlich in Fahrt, wie ich feststelle.

Ach hör doch auf! Das ist einfach nicht mehr schön. Irgendwie scheint es mittlerweile völlig normal zu sein, dass man das eigene Kind lieber zum Lern- oder Legasthenie-Training bringt, nur weil man es nicht auf die Reihe bekommt, dem Nachwuchs das Handy erst ab einem gewissen Alter zu erlauben.

Urteilst Du da nicht ein bisschen zu pauschal über die jungen Eltern?

Ja, vielleicht. Aber Du weißt doch, wie ich es meine. Es muss mittlerweile selbst dem Dümmsten auffallen, dass zwischen dem Einen und dem Anderen ein gravierender Zusammenhang besteht, oder etwa nicht?

Sicher ...

Das macht mich einfach wütend. Es scheint so, als ob niemand mehr groß darüber nachdenkt. Ich meine,

Kinder nehmen Schaden in ihrer Entwicklung und die Gesellschaft sorgt sich angesichts dessen lediglich über ihre und deren zukünftige Arbeitsplätze! „Ist halt so, schließlich verdienen wir damit ja unser Geld, um Leben zu können".

Klingt in der Tat etwas beunruhigend.

Weißt Du, was mich sehr ärgert? Es ist die Tatsache, dass sich irgendwie keiner mehr so richtig Gedanken über solche Zusammenhänge macht. Wir nehmen es einfach so als gegeben hin. Obwohl man sieht, dass etwas ganz augenscheinlich nicht funktioniert, läuft es schnurstracks so weiter. Stattdessen sollte man lieber nach einer anderen, besseren Lösung suchen!

Und die wäre?

Na ja, zumindest einmal innezuhalten und nachzuschauen. Kommt mir wie ein hängendes Computerprogramm vor. Der Anwender starrt wie hypnotisiert auf den Bildschirm und klickt immer wieder wütend, aber stoisch, den Ok-Button, obwohl er sieht, dass dieser auch die fünfzig Male zuvor schon nichts bewirkt hat. Wie wäre es da mal mit ausschalten, neustarten und umdenken?

Ich denke Du mutest da technisch nicht so versierten Menschen etwas zu viel zu. Du bist es vom Beruf her gewohnt, auch mal den Ausschaltknopf zu drücken. Weniger Erfahrene haben da vielleicht einfach Angst vor Datenverlusten oder der Tatsache, dass sie mit einem Neustart ohne geregelten Shutdown ihrer Software beträchtlichen Schaden zufügen könnten.

Shutdown, Software, wer von uns mutet jetzt wem zu viel zu? Aber mal im Ernst, hast Du nicht auch den Eindruck, dass diese Digitalisierungskiste, so wie es gerade läuft, gewaltig in die Hose geht?

Doch, den habe ich. Lass uns das Thema einfach etwas weiter vertiefen, statt hier nur an der Oberfläche zu kratzen.

Gerne.

Fangen wir doch mal bei Dir an.

Bei mir?

Ja klar. Auch Du bist schon mit Computern aufgewachsen.

Gut, aber ich hatte das große Glück, dass Rechner für zu Hause erst mit dem Beginn der achtziger Jahre verfügbar und erschwinglich wurden. Ich erinnere mich noch genau an meinen ersten, einen VC-20 von Commodore, den mir die Eltern 1982 gekauft hatten. VC war die Abkürzung für Volkscomputer, also für daheim in etwa das, was der Personal Computer, kurz PC, einige Jahre später fürs Büro werden sollte.

Ach siehe da, also doch ...

Ja, mit einem Unterschied: Ich war zu diesem Zeitpunkt nicht mehr im Kindergartenalter, sondern bereits an der Schwelle von der Grundschule ins Gymnasium.

Und wie hat der Computer Dein Teenagerleben verändert?

Ich glaube, Du kannst das nicht ganz mit der heutigen Generation von Rechnern vergleichen. Damit Du mit diesem Gerät etwas Sinnvolles machen konntest, stand oft langwieriges Codezeileneintippen auf dem Programm.

*Du warst damals also **nicht** fasziniert von der Technik und hast auch **nicht** so manch sonnigen Nachmittag lieber vor dem Fernseher, an den Dein „neuer Freund" angeschlossen war, verbracht, statt draußen mit Kumpels herumzutoben?*

Doch, schon. Es gab solche Tage. Manchmal waren wir Kinder von der Tipperei und den anschließenden Fehlern, die die Kiste dann ausspuckte, aber so genervt, dass wir das lieber unseren Eltern überließen und zurückkamen, als die Arbeit erledigt war.

Draußen spielen nehme ich an?

Klar, was sonst. Aber ich muss hinzufügen, dass das Ganze mit den heutigen Spielekonsolen nicht viel gemein hatte. Wir freuten uns schon über die mit zwei Strichen ablaufende Form des „Bildschirmtennis", das zuvor bereits die Atari-Konsolen berühmt gemacht hatte. Zu zweit saß man da vor der brotkastenförmigen Tastatur und bewegte zwei kleine Balken links und rechts des

Bildschirmrandes auf und ab, um einen winzigen virtuellen Ball zu treffen.

Wie ging es dann weiter?

Es kam, wie's kommen musste. Es gab zwar nach und nach auch ein paar Spiele, die via Datasette[1] oder von einem Speichersteckmodul geladen werden konnten, alles in allem aber eine Sache, die recht schnell langweilig wurde. Da der VC-20 ja nicht über einen Drucker oder irgendwelches anderes nutzbringendes Zubehör verfügte, war er irgendwann einfach nicht mehr interessant. Er hatte in meinen Augen kein „Suchtpotential", wie ein modernes Smartphone.

So, das heißt, Du hast damals also nicht mit Freunden auf deren Rechnern „gedaddelt"?

Doch, ab und zu. Aber wie gesagt, gab es für uns zu dieser Zeit noch wichtigere Dinge, die draußen im

---

[1] Datasette: Die erste Generation von Heimcomputern nutzte als Speichermedium noch handelsübliche Audiokassetten, die günstiger und einfacher zu beziehen waren, als die später eingeführten Disketten. Zur Speicherung diente ein spezieller Kassettenrecorder, der an den Computer angeschlossen werden konnte, die sogenannte Datasette.

realen Leben auf uns warteten. Tatsächliche Freunde, die man leibhaftig treffen und mit denen man ganz ohne digitalen Treibstoff Spaß haben konnte. Zudem hatten die damaligen Computer ja noch kein Netz, über das sie miteinander kommunizieren konnten.

Verstehe. Du machst die Sache also am Internet fest.

Ja, mehr oder weniger. Ohne Kommunikationsmöglichkeiten kannst Du zwar stundenlang miteinander direkt am Computer spielen, aber zumindest nur gemeinsam und eben nicht alleine.

Waren Eure Eltern damals von dieser Spielerei begeistert?

Nicht wirklich. Sie tolerierten die Sache, da man nebenbei ja auch etwas lernen konnte. Die Rechner hielten damals gerade erst langsam Einzug in den betrieblichen Alltag, aber man war sich bereits sicher, dass darin wohl die Zukunft liegen müsse.

Das heißt, auch in den Achtzigern waren die Eltern skeptisch, aber angesichts der positiven Entwicklung des EDV-Sektors zumindest aufgeschlossen. Wo liegt da der Unterschied zur heutigen Situation?

Ich verstehe, was Du meinst, aber die Sachlage war damals gänzlich anders.

So findest Du wirklich? Ich kann mich an Eltern Deiner Freunde erinnern, die waren da anderer Ansicht, ganz zum Leidwesen ihrer Kinder.

Ja, okay. Auch damals hatte man bereits die Sorge, dass die Technik sich irgendwie negativ hinsichtlich der Entwicklung der eigenen Kinder auswirken könnte. Aber es war für die Eltern viel leichter, die Zeit vor dem Rechner zu begrenzen. Ich meine, einen Computer samt Monitor konntest Du nicht mit in die Schule nehmen oder damit Mails von unterwegs aus verschicken. Die Sache war wesentlich statischer.

Dennoch existierten diese Auswirkungen schon zu Deiner Zeit. Auch damals gab es bereits Kinder, die es vorzogen, sich lieber mit ihrem elektronischen Spielzeug zu vergnügen und sich so schrittweise aus dem sozialen Kinderleben zurückzogen.

Gut, Du hast gewonnen. Ja, es gab die Effekte damals schon, nur waren sie eben kein Massenphänomen. Ebenso dachte zu dieser Zeit noch niemand daran, die Arbeit mit Computern bereits im Kindergarten einzuführen. Nicht nur, dass die Dinger viel zu teuer waren, es gab ja auch keine Erwachsenen, die sich damit auskannten.

Direktgefragt: Hat Dir das „Abhängen" mit der neuen digitalen Technik geschadet?

Lass mich nachdenken.

Ich meine, hat die Technik damals auch Deine Entwicklung in irgendeiner Weise beeinflusst?

Ja und nein. Es gab irgendwann den Punkt, an dem ich mehr wissen wollte. Spiele waren einfach nicht genug. Die Technik interessierte mich und ich fing an, die ersten kleinen Programme zu schreiben. Von da an war irgendwie klar, dass sich auch meine Berufswünsche – ich wollte damals noch Lkw-Fahrer oder Anwalt werden – in diese Richtung verschieben würden.

Das war Deinen Eltern sicherlich nicht unrecht. Ich meine, zur damaligen Zeit hätte ein IT-Profi auch gut in den großelterlichen Betrieb gepasst.

Ja, ich glaube, es war für sie ganz in Ordnung. Und

den schulischen Leistungen hat es nicht geschadet, eher im Gegenteil. Soweit der positive Teil. Ich denke dennoch, dass die Technik auch in meinem Fall ihre Schattenseiten hatte. Damals mehr als heute, galt man mit diesem „Hobby" leicht als Außenseiter. Ich war zwar kein Computerfreak in dem Sinne, aber der große Bildschirm war mir, vor allem später, schon sehr recht, um mich dahinter auch vor so manch unangenehmer menschlicher Situation „verstecken" zu können.

Was meinst Du mit unangenehm?

Na ja, statt mit anderen Jugendlichen das zu machen, was damals so angesagt war, Mofas frisieren, mit Kumpels abhängen oder in die Disko gehen, zog ich es vor, zu lernen und mit der großen Rechenmaschine zu arbeiten. Ich würde also schon sagen, dass der Umgang mit der Digitaltechnik zumindest meine sozialen Fähigkeiten oder das was ich damals dabei vielleicht hätte einfacher lernen können, negativ beeinflusst hat. Sicherlich nicht so extrem, dass man ähnliche Entwicklungsstörungen wie heute finden könnte, aber auch zu meiner Zeit bestand die Gefahr, sagen wir, zumindest etwas „einsamer" durchs Leben zu gehen.

Was denkst Du, ist heute anders als früher in Deinem Falle?

Ich glaube, der Computer war zu dieser Zeit tatsächlich noch als solcher erkennbar und der Unterschied zwischen analoger und digitaler Realität war einfach greifbarer. Im Gegensatz zu modernen grafischen Darstellungen war der Cursor ein blinkender Klotz. Niemand hätte früher dem Rat eines solchen „Navigationscomputers" blindlings vertraut und wäre von der Straße ab direkt in den Wald gefahren, „Knight Rider"[1] vielleicht mal ausgenommen.

Dabei gab es doch damals schon Digitalisierung in wichtigen Teilbereichen Eures Lebens. Denk nur mal an die DV-technische Aufrüstung im militärischen Bereich. Auch hier waren bereits Menschen willens, einer Anhäufung von Silikonchips nicht nur ihr eigenes Schicksal, sondern gleich das vieler Millionen von Erdenbürgern anzuvertrauen.

---

[1] Von 1982-86 produzierte amerikanische Fernsehserie, in deren Mittelpunkt ein mit Computern vollgepacktes, sprechendes, autonom fahrendes und handelndes Auto neben dem Schauspieler David Hasselhoff alias Michael Knight die Hauptrolle spielte.

Oh ja, Du hast Recht. Das hatte ich ganz aus dem Auge verloren. Du spielst sicher auf den amerikanischen Film „War-Games"[1] an, in dem sich ein jugendlicher Hacker in ein Armeesystem einhackt und mit dem Verteidigungscomputer ein scheinbar imaginäres Spiel beginnt. Nichts ahnend, dass der Militärrechner aber einen realen Angriff plant, verschwimmt auch hier schon die echte mit der digitalen Realität auf gefährliche Weise. Doch es war ja nur ein Film!

Meinst Du vielleicht! Ich denke es hat bereits zu Zeiten des Kalten Krieges genug solcher „Pannen" gegeben, die auf ähnliche Art und Weise zustande kamen. Zumindest dadurch, dass man der scheinbar unfehlbaren Technik blind vertraute und sie Systeme steuern ließ, die wenn überhaupt, wohl besser durch Menschhand hätten gesteuert werden sollen.

Schon seltsam. Während wir so darüber sprechen, merke ich, dass ich auch nicht ganz so frei bin.

Wovon?

---

[1] WarGames – Kriegsspiele: amerikanischer Film von John Badham aus dem Jahr 1983.

Vom Vertrauen in die Bits und Bytes. Ich nehme für mich in Anspruch zwar klar zwischen Mensch und Maschine unterscheiden zu können, aber es gibt auch in meinem Alltag viele Gelegenheiten, bei denen ich der Technik mehr vertraue als mir selbst oder einem anderen Menschen.

Was ist so schlimm daran? Seinem Werkzeug, das man liebevoll gebaut und gepflegt hat, zu vertrauen ist doch normal, findest Du nicht?

Schon, aber ich frage mich gerade, wo da die Grenze liegt? Die Trennungslinie zwischen einer unnatürlichen Technikgläubigkeit und der Fähigkeit, die Maschine noch mit einem gesunden Bauchgefühl als solche nutzen zu können.

Ich glaube, wir kommen der Sache näher.

Was meinst Du?

Das war es doch, warum Du Dich vorhin so geärgert hast. Du warst sauer darüber, dass andere Menschen offensichtlich nicht zwischen dem sinnvollen Einsatz eines technischen Hilfsmittels und dem eher kontraproduktiven Auslagern der Lehrkompetenz an eine

Maschine unterscheiden können. Und nun bemerkst Du, dass selbst Du, als diplomierter Informatiker, in den Randbereichen an Deine Grenzen kommst.

Na ja, so krass würde ich das jetzt nicht ausdrücken. Ich denke schon, dass ich hier kompetent genug bin, abzuwägen, was gut oder eher suboptimal ist.

„Gut oder schlecht" … ich glaube, darüber sollten wir reden.

29. November 2018

Seit unserem letzten Gespräch sind ja schon ein paar Tage vergangen. In der Zeit habe ich darüber nachgedacht, was Du gesagt hast. Auch über das „gut oder schlecht".

Ja? Und zu welchem Schluss bist Du gekommen?

Noch zu gar keinem. Mir ist jedoch aufgefallen, dass man die meisten technischen Erfindungen des

Menschen eigentlich gar nicht in solche Kategorien einteilen kann.

Hast Du ein Beispiel?

Ja, nehmen wir die Entdeckung des Feuers. Es war für die Menschheit eine epochale Errungenschaft, die das Leben in vielen Bereichen einfacher, angenehmer und auch gesünder gestaltete. Man konnte seine Nahrung über dem Feuer zubereiten und sie dadurch keimfreier, leichter verdaulich und gleichzeitig schmackhafter machen. Die Menschen mussten von da an nicht mehr bibbernd in ihren dunklen Höhlen sitzen, sondern hatten es hell und warm vor dem Lagerfeuer.

Oh ja. Mit Sicherheit wesentlich angenehmer.

Von daher wäre man geneigt zu sagen, Feuer sei eine „gute" Entdeckung, die dem Menschen viel Wärme und Geborgenheit verschafft. Aber es gibt natürlich auch Schattenseiten.

Verstehe.

Man kann Feuer auch zu nicht so positiven Zwecken nutzen. Nimm zum Beispiel einen Brandstifter, der mit dem Anzünden eines Hauses den Eigentümer schädigen will. Oder die Naturkatastrophen in Form von Waldbränden, die in den USA immer häufiger wüten und erst kürzlich wieder viele tausend Quadratkilometer Stadt und Land in Schutt und

Asche legten. Das würde wohl keiner als „gut" bezeichnen.

Ich sehe, Du hast verstanden, worauf ich letztes Mal hinaus wollte. Dieses Gut-oder-schlecht-Spiel, das in vielen Dialogen und in den sozialen Medien unzählige Menschen gegeneinander aufbringt, scheint also nicht zu funktionieren.

Ja, wir müssten hier eine andere Einteilung finden und ich denke ich weiß auch schon welche.

Wie wär's mit „funktioniert und funktioniert für den Zweck nicht"?

So etwas hatte ich ebenfalls im Sinn. Das wäre schon treffender, denn speziell wenn wir über den technischen Fortschritt sprechen, ist eine pauschale Werteinteilung einfach nicht zielführend. Auch das Internet, Tablets und Smartphones sind per se nicht grundsätzlich gut oder schlecht. Es kommt ja auf den Zweck an, für den sie eingesetzt werden.

Exakt. Du bist also der Meinung, dass sie für kleine Kinder noch nicht funktionieren?

Na ja, wie sollten sie auch? Ich meine, lass uns doch mal etwas hinter die Kulissen der Technik blicken. So ein modernes Telefon ist ja nichts anderes, als ein Computer im Miniaturformat. Eine komplizierte Rechenmaschine also. Ich versuche, mir gerade vorzustellen, wie die Menschen anno 1985 reagiert hätten, wenn man den Jüngsten im Kindergarten meines Heimatdorfs einen neuen Bürocomputer, nebst Drucker und Akustikkoppler[1], für die Einwahl ins Uninetz auf den Tisch gestellt hätte.

Ich schätze mal, die Eltern wären sicher Amok gelaufen.

Oder sie hätten die damaligen Kindergärtnerinnen in die Psychiatrie einweisen lassen. Jedem wäre sofort klar gewesen, dass das Spiel mit einer solchen Maschine für die Kleinsten sicherlich wenig geeignet ist.

Natürlich, was hätten die Kinder in dem Alter damit auch anfangen können? Mit so einem modernen Gerät von heute kann man deutlich mehr machen, wie Du ja schon selbst festgestellt hast.

Kann man, aber das war ja gar nicht der Punkt, auf den ich hinaus wollte.

Sondern?

Jeder hätte sofort gesehen, dass diese Form der Technik in einem Kindergarten nichts zu suchen hat. Sie funktioniert zwar in einem Büro hervorragend, hilft aber vier- oder fünfjährigen Kindern nicht weiter,

---

[1] Ältere Form der späteren Modems. Der sogenannte Akustikkoppler diente der Übertragung digitaler Daten von einem Rechner via Telefonhörer auf einen anderen.

denn sie wollen ja keine Buchhaltung betreiben. Sie möchten spielen und lernen!

Und Du meinst, heute sind die Grenzen da verschwommener?

Absolut! Dieses moderne Handy hat mit seinen technischen Urvätern leider mehr gemeinsam, als den meisten so bewusst ist.

Was denn?

Es ist eine Maschine. Ein Gerät, das ausschließlich Nullen und Einsen zusammenzählen, speichern und in Form bestimmter Ergebnisse dann wieder ausgeben kann!

Ich fürchte, das sehen die meisten Deiner Mitmenschen anders.

Kann sein, aber auch wenn viele mit ihren elektronischen Geräten mittlerweile sprechen und sie für besonders schlau und zuverlässig halten, ist es so wie ich sage. Ein Computer ist von sich aus weder intelligent noch verlässlich. Er kann ja nur die Programme ausführen, die ihm vorher eingehämmert worden sind.

Entschuldige wenn ich Dich da unterbreche, aber solltest Du als Informatiker nicht gerade die Technik vor allen Zweiflern schützen?

Vielleicht, aber ich glaube, es ist einfach an der Zeit, dass die Menschen wieder erkennen, was hinter dem Ultra-HD-Display steckt, bevor sie ganz und gar den Bezug zur tatsächlichen Realität verloren haben.

Harte Worte!

Ich denke, den meisten ist im täglichen Gebrauch der digitalen Geräte diese Tatsache einfach nicht mehr bewusst. Die Anwendungen wirken heute teilweise so real und ahmen menschliche Eigenschaften so perfekt nach, dass viele den Zusammenhang immer weniger erkennen.

Du meinst, es ist ein bisschen so, als ob das frankensteinsche Monster jetzt den Lehrer spielt?

Die Technik als „Monster" zu bezeichnen, wäre sicherlich nicht ganz treffend, denn das würde meiner Meinung nach eine gewisse autonome Intelligenz voraussetzen. Auch Ungeheuer fühlen, denken und atmen, Smartphones hingegen nicht.

Nimm doch nicht alles so persönlich! Es war ja nur ein blumiger Vergleich ...

Du hast Recht, vielleicht nehme ich manches zu persönlich. Aber schließlich habe ich viele Jahre mitgeholfen diese Technik weiterzuentwickeln. Ich selbst habe Menschen davon überzeugt, dass es „gut" sei sie einzusetzen.

Aber ich nehme an, Du hast keine Computer in Schulen und Kindergärten installiert, oder?

Nein, habe ich nicht. Nur, ich bin mir nicht sicher, ob ich es ohne mein heutiges Wissen nicht vielleicht doch versucht hätte. Auch ich bin diesem Denkfehler aufgesessen. Wenn Du glaubst, dass etwas „wirklich gut" ist, dann versuchst Du automatisch, alle davon zu überzeugen. Du bist von dem Gefühl so besessen, dass Du denkst, es wäre für jeden das passende Allheilmittel.

Ich verstehe. Dir geht es scheinbar so wie dem „Erfinder des Internets" Sir Tim Berners-Lee, der neulich in einem offenen Brief [1] schrieb, dass er sich das anno 1989 so nicht vorgestellt hätte.

Wie meinst Du das?

Na, er hat zum neunundzwanzigsten Geburtstag des Internets, im März diesen Jahres, ebenfalls seine Sorgen über die Entwicklung „seiner" Technik kundgetan.

Ach ja, richtig. Ich habe davon gelesen. Ja, schätze so ähnlich fühle ich mich auch. Nur, dass ich kein so bedeutender „Erfinder" bin. Ich denke nur, dass man als Entwickler die Menschen einfach darauf aufmerksam machen sollte.

---

[1] Berners-Lee, Tim: „The web is under threat. Join us and fight for it.";
https://webfoundation.org/2018/03/web-birthday-29/

So wie auf den Zigarettenschachteln? „Dieses Smartphone gefährdet möglicherweise die Gesundheit Ihres Kindes."

Na ja, vielleicht nicht so drastisch, aber scheinbar braucht die Gesellschaft einen leichten Denkanstoß, um die Zusammenhänge wieder in eine sinnvolle Reihenfolge zu bekommen.

Und Du denkst, die kennen sie nicht mehr?

Ich bin mir da bei den jüngeren Generationen nicht so sicher. Mit jetzt sechsundvierzig Jahren, gehöre ich zu denen, die auch noch handylos glücklich sein können. Die Menschen, die heute volljährig werden, sind bereits seit ihrer Geburt mit „intelligenten" Geräten aufgewachsen. Als sie in die Grundschule gingen, stellte Apple-Gründer Steve Jobs seine erste Smartphone-Generation vor!

Da ist was dran.

Es ist kein Vorwurf, auch wenn es vielleicht so klingt, aber für diese Generation ist es selbstverständlich, dass sie sich mit ihrer Stereoanlage, ihrem Handy oder ihrem Auto unterhält. Angesichts der Fülle der Informationen, die so auf sie einprasseln, haben sie gar keine Zeit mehr, darüber nachzudenken, wer da eigentlich zu ihnen spricht.

Wie meinst Du das?

Mir geht es nicht um Verschwörungstheorien. Es wäre für mich nur angenehmer, wenn meine Mitmenschen weiterhin erkennen, dass es sich bei den digitalen Helfern der neuesten Generationen nach wie vor noch um Maschinen und nicht um lebende, fühlende oder gar denkende Individuen handelt.

Ja, da gebe ich Dir Recht. Es mutet schon etwas grotesk an, wenn Menschen sich bei ihrer „Alexa" oder „Siri" [1] *bedanken, während sie eine Stunde später, im Supermarkt ihres Vertrauens, der Kassiererin wortlos das Wechselgeld aus der Hand reißen.*

Genau das ist es ja, was ich meine. Die Technik ist dank vieler kluger und motivierter Köpfe scheinbar so makellos und perfekt geworden, dass sie den meisten einfach lieber ist, als der banale soziale und kommunikative Austausch mit den eigenen Artgenossen.

„Alexa" und „Siri" widersprechen eben nicht, wenn Du Dir ein Liedchen von ihnen wünschst. Sie schmollen auch nicht mit Dir, wenn Du sie beleidigst oder barsch anredest. Das hat schon was für sich.

Bitte?! Mal ehrlich, findest Du diese Entwicklung nicht auch etwas gefährlich?

---

[1] Alexa und Siri sind Spracherkennungssysteme der Hersteller Alexa Internet Inc. (Amazon) und Apple. Sie unterstützen die Audiokommunikation zwischen digitalen Geräten und ihrem menschlichen Anwender.

Natürlich.

Ich hoffe, ich übertreibe da, aber es scheint mir fast wie eine Droge zu sein. Um unangenehmen Situationen aus dem Wege zu gehen, wickeln wir viele Dinge einfach nur noch „ethisch korrekt und elektronisch clean" via Datenleitung ab, statt direkt mit den Reaktionen anderer Menschen klarkommen zu müssen.

Du meinst die Flucht in eine Scheinwelt?

Ja. Weil einem die Fragerei des Verkäufers zu nervig und der Preis grundsätzlich zu hoch ist, kauft es sich online eben leichter ein. Dabei muss ich dem Einzelhändler um die Ecke nicht direkt in die Augen schauen und vielleicht erkennen, welche finanziellen Sorgen und Existenzängste ihn, angesichts der Konkurrenz aus dem Internet, so plagen. Ist ja schließlich sein Problem.

Der bequemere Weg also?

Bequem ja, aber eben nicht echt. Ich meine, das Geschäft und die Personen im Online-Handel sind natürlich real, nur die stets nett lächelnde Fassade des Onlineshops ist es nicht. Es entsteht kein wirklicher Kontakt mehr zwischen Menschen, denn dieser wird ja meist durch die Maschine gefiltert. Kein „hallo, wie geht's Ihnen heute", kein „danke, dass Sie meine Bestellung so schnell liefern konnten" und auch kein

Händedruck mehr, um einen Vertragsschluss zu besiegeln.

Aber genau das macht die Technik doch so effizient, dass ich gleich zur Sache komme und keine Zeit mit Nebensächlichkeiten verschwende!

Effizient schon, das Problem ist aber, dass die Menschlichkeit hierbei langsam vollends den Bach runtergeht. Das ist es ja gerade!

Du meinst, das sind Deine „Bauchschmerzen" von denen Du vorhin sprachst?

Ja. Genau für diese Effizienzsteigerung habe auch ich bei vielen Kunden jahrzehntelang gekämpft. Ich dachte, das wäre eine „gute" Sache.

Und jetzt weißt Du, dass sie es nicht ist.

Tja, da sind wir wieder bei dem Gut-Böse-Spiel von eben. Ich weiß, dass diese Art der Denke vielleicht sinnvoll sein mag, wenn es um die Abwicklung technischer Prozesse geht. In menschlichen und gesellschaftlichen Belangen hingegen funktioniert der Optimierungsgedanke leider nicht. Er nimmt dem Leben das Leben.

Ein interessantes Wortspiel. Aber vielleicht siehst Du die Sache hier zu schwarz, schließlich hat jeder Mensch die freie Wahl.

Da bin ich mir nicht mehr ganz so sicher. Letztendlich kannst Du Dich ja nur für etwas entscheiden, wenn es auch tatsächlich Auswahlmöglichkeiten gibt. Jemand der nie was anderes kennengelernt hat, wird damit große Mühe haben, eine „unbekannte Variante" auszuwählen.

Ich verstehe Dein Problem. Wie kann ich Dir unter die Arme greifen?

In dem Du mir hilfst, die Sache für mich selbst gedanklich etwas zu entwirren. Schließlich ist technische Innovation an sich ja nichts Schlechtes. Nur die Art und Weise, wie wir sie alle im Moment vorantreiben und ihr blind vertrauen, macht mir offen gestanden Angst. Die Frage ist doch, wie lassen sich technischer Fortschritt, Menschlichkeit, Natur- und Umweltschutz miteinander in Einklang bringen, ohne wieder zurück in die Steinzeit abzurutschen? Oder sind diese Dinge am Ende gar nicht vereinbar?

Sind sie. Denn ohne Natur gäbe es keinen Menschen und ohne Menschen keine Technik. Nicht nur der Mensch entwickelt sich weiter, sondern mit und durch ihn auch die Natur.

Du willst mir allen Ernstes erzählen, diese ganze Entwicklung, in der sich der Mensch selbst und dazu noch die Umwelt schädigt, wäre ein natürlicher Vorgang?

*Aber klar doch! Weder Natur, noch der Mensch als Teil davon, können sich **nicht** entwickeln. Es gibt keine „Nichtentwicklung", denn jeder Tag bringt neue Situationen, neues Leben und damit eine Menge Veränderung für den gesamten Planeten mit sich. Alle Neuerungen, einschließlich der „negativen", sind somit auch eine Form natürlicher Fortentwicklung.*

Okay, aber ich dachte immer, dass die Evolution am Ende eine Art Verbesserung wäre.

Ist sie auch. Festzustellen dass irgendetwas nicht wie gewünscht funktioniert, ist ebenfalls eine wichtige Erkenntnis. Es ist sogar die Erkenntnis schlechthin, denn damit weiß man definitiv, dass eine Änderung des eingeschlagenen Weges unumgänglich ist, möchte man nicht weiterhin ängstlich und hilflos in einer evolutionären Sackgasse vor sich hin an die Wand starren.

Du sprichst wieder einmal in Rätseln. Was bitteschön hat das mit meiner Frage zu tun?

Sehr viel. Du wolltest wissen, ob moderne Technik und ein natürlicher Lebenswandel sich gegenseitig nicht ausschließen. Und ich sage Dir, dass sie das nicht tun. Die beiden Enden der Skala zwischen dem was Du als Technik auf der einen und Natur auf der anderen Seite bezeichnen würdest, liegen nur deshalb so weit auseinander, weil Du sie ursprünglich voneinander trennst.

Moment mal! Du willst doch nicht allen Ernstes behaupten, dass Technik und Natur ein und dasselbe sind? Was ist dann mit der Zerstörung der Umwelt, die der Raubbau an Ressourcen für diesen Fortschritt mit sich bringt? Was ist mit den Bildern der Kinder aus Afrika, die mit beißenden chemischen Substanzen Platinen und Elektronikschrott recyceln und dabei fast draufgehen? Was ist mit dem ganzen Plastikmüll, der Dank des maßlosen und digital vorangetriebenen Wirtschaftswachstums immer schneller den Lebensraum für Mensch und Tier zerstört? Du willst mir wirklich weismachen, dass dies mit der Natur in Einklang zu bringen ist?

Ja, will ich. Aber beruhige Dich erst einmal. Genau in dieser Denkhaltung liegt ja das Problem, das Dich so sehr beschäftigt. Wenn Du zwischen Technik und Natur unterscheidest, unterstellst Du gleichzeitig, dass technischer Fortschritt, mit all seinen Facetten und Ausprägungen, kein natürlicher Vorgang wäre. Da der Mensch aber zweifelsohne Teil dieser Natur ist, gehört logischerweise auch das, was er erschaffen hat, zum System. Du erinnerst Dich, erstes Unisemester, Logik für Informatiker?

Wie ich das gehasst habe! Ja, gut und weiter?

*In dem Du Natur und Technik voneinander trennst, begehst Du nicht nur einen logischen, sondern auch einen systemischen Fehler. Du implizierst damit gleichzeitig, dass der Mensch **nicht** Teil des Systems Natur ist und genau hier fängt der Wahnsinn bereits an.*

39

Welcher Wahnsinn?

Der Wahnsinn, einer Maschine mehr zu vertrauen, als ihrem Schöpfer. Menschen die sich selbst als Teil der Natur erfahren, sind auch in der Lage, klar zwischen sich und dem von ihnen geschaffenen Werkzeug zu unterscheiden. Verstehst Du nun, was das mit Deiner Frage zu tun hat?

Ja, langsam dämmert es mir. Du willst damit sagen, dass ich die Frage eigentlich schon völlig falsch gestellt habe. Ich hätte nicht fragen dürfen, *ob* Technik und Natur vereinbar sind, sondern besser *warum* sie es augenscheinlich für mich und viele andere Menschen im Moment nicht sind, richtig?

Bingo! Die Natur selbst bringt keine Entwicklungen hervor, die sie nicht im Zuge ihrer Evolution tatsächlich benötigt, so schwer das manchmal auch einzusehen ist.

Puhh, das muss ich erst einmal etwas sacken lassen …

5. Dezember 2018

Als wir uns das letzte Mal unterhalten haben, sagtest Du, dass die Idee der Trennung zwischen Mensch und Natur das eigentliche Problem sei. Also die Tatsache, dass der Mensch sich sozusagen gerne als „Krone der Schöpfung" sieht und deshalb eine Art Sonderrolle für sich beansprucht. Richtig?

Ja, das sagte ich.

Kannst Du mir das etwas genauer erklären? Vor allem habe ich noch nicht so ganz verstanden, was das mit dem Thema Digitalisierung zu tun hat.

Gerne. Erinnerst Du Dich an das Biosphäre-2-Projekt, das in den 1990er Jahren für reichlich Furore sorgte?

Ja, ich habe es damals in den Nachrichten verfolgt. Das waren die Forscher mit der Glaskuppel, nicht?

Glaskuppel ist reichlich untertrieben. Auf einer Fläche von fast zwei Hektar entstand Ende der 1980er Jahre ein riesiges hermetisch abgedichtetes Versuchszentrum. Dieses überdimensionale Gewächshaus wurde mit allen erdenklichen Boden-, Tier- und Pflanzenarten ausgestattet. Es hatte kleine Wälder, Bachläufe, Miniaturseen, mit Nutzpflanzen versehene Bereiche und sogar Wüstenabschnitte. Die Erbauer wollten dabei die Natur bestmöglich in einem abgeschlossenen Gebäudekomplex nachbauen. Das Ziel des Projekts war es, zu beweisen, dass der Mensch in der Lage ist, auch außerhalb seines normalen Lebensraums, innerhalb einer künstlich, aber mit natürlichen Materialien geschaffenen Biosphäre, längere Zeit zu überleben.

Ich glaube, die Sache lief damals aus dem Ruder.

Ja. Es gab zwei Versuche, die beide mit der gleichen Erkenntnis endeten. Es war den Machern seinerzeit nicht gelungen, die Lebensbedingungen, wie sie auf der Erde von Natur aus herrschten, so exakt nachzuempfinden, dass Menschen dort hätten überleben können. Bereits zwei Jahre nach dem Start, musste 1993 der erste Versuch abgebrochen werden, da sich kein „lebensfähiges" Gleichgewicht in der abgeschlossenen Anlage einstellen konnte. Das zweite Experiment war sogar noch kürzer und endete 1994, bereits nach nur sechs Monaten, mit demselben Ergebnis.

Krass! Ich hätte schon gedacht, dass man es, dank der modernen Technik, wesentlich länger aushalten könnte.

Mag sein, aber darum geht es gar nicht. Ich will Dir mit diesem Beispiel vielmehr bildlich vor Augen führen, wie die Idee der Trennung zwischen Mensch und Natur, von der wir vorhin sprachen, sich de facto in der Realität auswirkt.

Okay.

Der Mensch versucht Dinge nachzubauen, die er aber in ihrer Komplexität, mit seinem Verstand alleine, nicht erfassen kann.

Aha. Willst Du mir damit auf charmante Weise sagen, wir wären zu dumm dazu?

Nein, möchte ich nicht. Mit „dumm" hat das Ganze gar nichts zu tun. Der Punkt ist vielmehr, dass der Ausschnitt, der mit dem „bloßen Auge" und ein paar wissenschaftlichen Messgeräten wahrnehmbar ist, nur einen kleinen Teil dessen darstellt, was Natur wirklich ausmacht.

Oh, jetzt verstehe ich langsam, worauf Du hinaus willst.

Die Natur, wie Du sie kennst, ist viel zu komplex, als dass man sie mit den wenigen Einblicken, die die Menschheit aktuell erhaschen kann, so einfach nachbauen könnte. Es verhält sich also sprichwörtlich genau so, wie beim Vorgang der Digitalisierung selbst. Womit wir wieder bei Deinem Ausgangsthema wären.

Du meinst die Sache mit der Vereinfachung.

Genau. Als Digitalisierung bezeichnet man ja ursprünglich den Vorgang, komplexe Sachverhalte für eine binär arbeitende Maschine, sprich Computer, les- und bearbeitbar zu machen. Da moderne Rechner nur Einsen und Nullen kennen, muss ihre „Nahrung" so aufbereitet werden, dass diese Geräte sie auch „verdauen" können.

Und genau dabei entsteht jede Menge „Informationsverschnitt", der der Einfachheit halber weggelassen wird.

So ist es. Wenn Du Dir beispielsweise eine simple Kurve vorstellst, so ist diese für eine Maschine nicht als fortlaufende kontinuierliche „Linie" darstellbar, wie Du weißt.

Ja, der Computer kann sie nur näherungsweise abbilden. Ähnlich wie die einzelnen Pixel auf dem Bildschirm wird hier dem Auge, beziehungsweise dem

Gehirn, vorgegaukelt, eine Kurve wäre rund oder elliptisch. Auf den alten Computermonitoren konnte man die pixelige Darstellung noch tatsächlich erkennen. Die neueste Generation von Displays ist mittlerweile so hochauflösend, dass diese Ungenauigkeit dem menschlichen Auge schlicht verborgen bleibt.

Stimmt genau. Das technisch generierte Bild wirkt auf den ersten Blick perfekt, harmonisch und vielleicht sogar natürlich, ist es aber nicht.

Genauso wenig wie die künstliche Biosphäre in unserem Beispiel. Vielleicht kannst Du mir nochmal genau erklären, warum dieser kleine „Schönheitsfehler" im digitalen Wunderland, Deiner Meinung nach, denn nun so gefährlich ist.

Weil er dem Benutzer bei falscher Handhabung ein X für ein U vormacht. Die „Bionauten" in ihrer Glaskuppel waren sich auch sicher, dass das, was vor ihren Augen wuchs oder sich bewegte, ein verkleinertes Abbild ihrer irdischen Umwelt darstellte. Stattdessen hatten sie lediglich einen künstlich angelegten Garten Eden, der diese Bezeichnung wohl kaum verdiente.

Du meinst, genauso verhält es sich mit vielen digitalen Helfern in unserem Umfeld?

Selbstverständlich. Es sind lediglich künstlich geschaffene Werkzeuge, deren Anwendung an sich nur dann bedenklich wird, wenn man ihnen natürliche

Eigenschaften wie Intelligenz oder soziale beziehungsweise emotionale Kompetenz zugesteht.

So ganz krieg ich das in meinem Kopf noch nicht zusammen. Erklär mir bitte nochmal genau, was das nun mit der Trennungsidee zu tun hat.

Es ist im Grunde ganz einfach. Der Mensch schafft die Maschine und benutzt sie. Verliebt in seine Erfindung vergisst er über das Spiel mit ihr, dass sie lediglich das Produkt seiner begrenzten Wahrnehmung und Möglichkeiten ist. Damit die Kommunikation mit diesem Gerät einfacher funktioniert, beginnt er die Welt zunehmend auch aus ihrer Perspektive zu betrachten. Und genau hier wird die Sache problematisch, denn Menschen sind eben keine Maschinen. Sie funktionieren nicht binär und mit Strom, sondern gewinnen ihre Energie aus ganz anderen Quellen. Computer brauchen keine Zuneigung, keine menschliche Nähe, ja nicht einmal organische Nahrung.

Danke, jetzt hab ich den roten Faden wiedergefunden. Die Sache ist aber, ehrlich gesagt, auch nicht ganz einfach.

Nein, das ist sie nicht. Doch sie könnte es wieder werden, wenn der Mensch, von dem ich eben sprach, sich zurückbesinnt, wer er eigentlich ist. Ein organisches Lebewesen aus Fleisch und Blut, das normalerweise in einer intakten Natur zuhause ist und nicht in einer künstlichen Biosphäre.

Die bunte digitale Welt um uns herum ist also dabei, unser ganz persönliches Biosphärenexperiment zu werden.

Gut formuliert. Je mehr sich der Mensch von der Natur als getrennt wahrnimmt, desto weiter verlegt er, bildlich gesprochen, seinen Hauptwohnsitz in genau so eine „virtuelle Glaskuppel". Er distanziert sich zusehends von den Mitmenschen und übernimmt zunehmend die „Gesichtszüge" jener technischen Spielzeuge, die er so sehr schätzt.

Wie Du das so sagst, könnte man meinen, dass das bereits extreme Ausmaße angenommen hätte. Solche Dinge mit Tablets im Kindergarten ärgern mich zwar, aber ich dachte bisher, das wären nur Einzelfälle. So schlimm ist das Ganze *noch* nicht oder?

Na ja, denk doch mal nach! Wenn die Menschheit so weiter macht, ist die Frage nicht ob, sondern nur, wann sie aus ihrer nativen Biosphäre ausziehen muss.

Klingt so, als wäre der Schritt retour unumgänglich. Quasi „back to the roots", zurück zur Natur.

Du denkst zu binär. Es gibt in der realen Welt nicht nur die Zustände schwarz oder weiß, sondern auch ganz viele Schattierungen dazwischen. Lass uns diese Trennung und ihren Effekt noch ein wenig genauer betrachten, damit Dir wirklich klar wird, dass es hier nicht um einen Technikverzicht, sondern um einen gedanklichen Paradigmenwechsel geht.

Bin ganz Ohr.

Auch der Steinzeitmensch hat bereits einfache Werkzeuge konstruiert und verwendet, um sich das karge Leben etwas angenehmer zu gestalten. Dennoch erkannte er ihre Herkunft und wäre wohl kaum auf die Idee gekommen, sich mit seiner Steinzeitaxt sowie den anderen, aus Holz beziehungsweise Steinen und Knochen hergestellten Utensilien zu „unterhalten" oder ihnen menschliche Intelligenz zuzusprechen. Sie blieben, was sie waren: Werkzeuge.

Verständlich.

Die damaligen Generationen lebten in, mit und von der Natur und sie waren sich dessen auch bewusst. Ihre einzige Überlebenschance bestand darin, sich mit den Umweltbedingungen zu arrangieren. In dem sie die natürlichen Vorgänge genau beobachteten, konnten sie viel lernen. Sie schafften es schließlich sogar, Pflanzen zu kultivieren und Tiere zu züchten und damit das Nomadendasein zu beenden.

Die waren ja auch klar im Vorteil. Sie hatten noch keine Umweltverschmutzung, keine Überbevölkerung oder so etwas.

In dem Punkt gebe ich Dir Recht. Die Ablenkungen, die Deine Generation aktuell hat, waren damals sicher unbekannt. Durch das aus heutiger Sicht primitive Leben, war der Bezug zur Natur, welche man täglich vor Augen hatte, intensiver. Aber auch hier gab es bereits

Reibungspunkte und das eine oder andere Entsorgungsproblem.

Du meinst, die hatten auch schon dieses Problem?

Nicht in dem Ausmaß, wie gesagt. Bereits wenig später begann der Homo sapiens damit, seine schöpferische Ader in technischer Weise auszuleben. Durch die Auseinandersetzung mit der Frage nach dem Leben an sich, woher der Mensch kommt und was ihn ausmacht, gab es schon sehr früh die ersten Versuche, die Natur „künstlich nachzubauen".

Sozusagen in gewisser Weise Gott zu spielen!

Ja. Das Problem liegt ja auch nicht im Akt der „Schöpfung", also dem Erfinden oder dem Bau bestimmter technischer Gerätschaften.

Sondern?

In der Tatsache, dass der Mensch sein natürliches Verhalten aufgibt und schrittweise zum Diener seiner eigenen Schöpfungen wird.

Okay.

In dem er sich selbst, wie im Biosphärenexperiment, von der Natur ausschließt, kappt er auch die Nabelschnur, die ihn jederzeit automatisch mit allem was er tatsächlich zum Überleben benötigt versorgt.

Nabelschnur?

Ja. Wie ein Baby im Mutterleib, so ist der Mensch in das Ökosystem der Erde vollständig integriert. Dies umfasst nicht nur die materielle, sondern auch die energetische Versorgung.

Ich nehme an, damit meinst Du nicht etwa Strom oder so etwas?

Nein. Ich rede zum Beispiel von der menschlichen Intuition, die Dir gerade auf unbekanntem Terrain eine unschätzbare Hilfe sein kann. Immer dann, wenn das Gehirn neue Situationen nicht sicher bewerten kann, kommt das Bauchgefühl ins Spiel. Es hilft allen tierischen Spezies, also auch dem Menschen, überlebenswichtige Entscheidungen punktgenau zu treffen.

Du meinst, die digitalen Systeme gaukeln uns eine gewisse Perfektion und Vollständigkeit der gelieferten Informationen vor, die gar nicht den Tatsachen entsprechen?

Genau so ist es. Durch die verfälschte Wahrnehmung der digitalen Realität, entsteht leicht der Eindruck, sie wäre die einzig wissenschaftlich exakte Version. Eine, die man immer wieder reproduzieren und viel besser erklären kann, als die „wilde" und noch nicht in all ihren Facetten bekannte, beschreib- und begreifbare Natur „da draußen".

Na ja, oftmals hilft es eben, die Dinge etwas zu vereinfachen, um sie leichter verstehen zu können.

Vereinfachen ja, verfälschen nein.

Du meinst die moderne, digitale Sichtweise verfälscht die Realität?

In vielen Bereichen ist dies leider der Fall und führt genau zu jener Trennungsidee, über die wir uns eingangs unterhalten haben. Mit all seinen technischen Spielzeugen glaubt der Mensch, die Natur schrittweise erobern und beherrschen zu können. Er meint, sich über sie stellen zu können, ja er versucht sogar, den Naturgesetzen in vielen Bereichen zu trotzen. Binär ausgedrückt, ließe sich sein Blickwinkel wie folgt vereinfachen: Natur ist primitiv, Technik hingegen ist die höchste Stufe der Entwicklung. Wie genau würdest Du eine solche Sicht auf die Realität, als objektiver Beobachter des Szenarios, denn sonst beschreiben?

Du hast Recht. Das Ganze wäre fast zum Lachen, hätte es nicht so dramatische Konsequenzen. Lass uns nochmal kurz auf unsere Trennungsgeschichte eingehen. Was würde sich Deiner Meinung nach ändern, wenn ich mich von dieser verzerrten Sichtweise lösen könnte?

Dein Leben.

Geht's nicht etwas genauer?

Natürlich. Die meisten bahnbrechenden technischen Errungenschaften der Menschheitsgeschichte hatten eines gemeinsam: Sie sorgten nicht nur für oberflächliche Veränderungen, sondern bedingten oft tiefgreifende Verschiebungen bestehender natürlicher Gleichgewichte.

Hast Du ein Beispiel?

Nehmen wir mal die Nutzung der Wasserkraft. Auf den ersten Blick eine sehr ökologische Sache. Um allerdings aus fließendem Wasser Strom gewinnen zu können, muss man dies in irgendeiner Weise aufstauen und kanalisieren. Das wiederum führt zu einer Verschiebung des Flussgleichgewichts mit all seinen Bewohnern. Ein Stausee benötigt nicht nur Platz, sondern schafft für Fauna und Flora gleichzeitig völlig veränderte Lebensbedingungen. Doch nicht nur Tiere und Pflanzen sind von dieser Veränderung betroffen. Auch der Mensch, der Fischer zum Beispiel, der flussabwärts nun nicht mehr so viel fangen wird wie vorher.

Was hat das mit unserem Trennungsgedanken zu tun?

Der technische Fortschritt ist Teil einer natürlichen Evolution. Er findet nicht außerhalb der Natur statt, sondern in ihr. Würde dieser Aspekt beim Bau des Kraftwerks berücksichtigt und der Natur zum Beispiel entsprechende Ausweichflächen geboten, so könnte sich mit der Zeit wieder ein neues verändertes Gleichgewicht einstellen. So, wie es sich im kleinen Maßstab beim Bau des Damms eines Bibers einstellt. Jede Entwicklung und jede Aktion in der Natur führt auch zu einer bestimmten, meist gegenläufigen Re-Aktion. Das Problem ist also nicht, dass man Dinge technisch verändert, sondern wie man im Anschluss mit den sich wandelnden Bedingungen umgeht.

Ein Mensch, der sich als Teil der Natur wahrnimmt, wird darauf achten, dass sein Lebensraum durch die Eingriffe nicht soweit aus den Fugen gerät, dass seine eigene Existenz dadurch gefährdet werden könnte. Er wird sorgfältig abwägen, ob der Bau eines solchen Kraftwerks in einem stabilen und ausgewogenen Verhältnis zu den eingesetzten Ressourcen steht. Er wird die Sache nach den bautechnischen Eingriffen genauestens beobachten und zum Schutze seines Lebensraums gegebenenfalls entsprechend reagieren, Anpassungen vornehmen oder im schlimmsten Falle, das Kraftwerk sogar wieder entfernen. Für ihn ist das Leben selbst das höchste Gut, das es zu schützen und zu bewahren gilt.

Menschen, die sich und ihre technischen Errungenschaften hingegen über die Natur stellen, verkehren das Schöpfungsprinzip ins Gegenteil. Sie nehmen sich und die von Ihnen gestaltete Umwelt als voneinander getrennt wahr. Genau wie im Biosphärenexperiment, meinen sie die Natur ausschließen und somit beherrschen zu können.

Nichtsahnend, dass sie damit nur sich selbst von der sie versorgenden „Nabelschnur" abschneiden.

Ganz genau. Wie der Embryo im Bauch der Mutter ohne diese Versorgung innerhalb kürzester Zeit ersticken und verhungern würde, so geschieht dasselbe in der digital-realen Welt. Vielleicht nicht in einem so knappen Zeitintervall. Wäre das der Fall, würden es die meisten Menschen auch leichter erkennen und entsprechend reagieren können. Nichtsdestotrotz geschieht es täglich und dazu noch direkt vor Deiner Nase.

14. März 2019

Entschuldige, dass wir so lange nicht über unser Thema sprechen konnten.

Ist nicht weiter schlimm, dafür haben wir ja jetzt Zeit.

Ich habe mir einige Gedanken gemacht. Das Thema lässt mir nach wie vor keine Ruhe. Wie kann es denn sein, dass sich so viele Menschen in diese technische Scheinwelt flüchten, ohne es tatsächlich zu bemerken? Ist es bloße Bequemlichkeit oder sind wir wirklich nicht mehr in der Lage, die Zusammenhänge richtig einschätzen zu können?

Bequemlichkeit ist vielleicht der falsche Begriff in diesem Zusammenhang. Erinnerst Du Dich noch an Deine Anfangszeit auf der Uni?

Ja, es war alles neu und spannend. Ich wollte einfach immer mehr wissen und habe die neuen Sichtweisen meiner Professoren förmlich in mich aufgesogen.

Du hingst an ihren Lippen, weil Dich die technisch analytische Sicht der Dinge beeindruckte, nicht wahr?

Es war toll. Da es im Gymnasium anno 1990 kaum Lehrer gab, die sich mit Informatik, geschweige denn mit digitaler Prozessoptimierung auskannten, verblüfften mich die neuen Möglichkeiten. Es hörte sich alles so logisch, klar und einfach an. Als könne man sämtliche hochkomplexen Abläufe eines Unternehmens, im Handumdrehen mit einer Schablone untersuchen, dabei eventuelle Fehler im Nu entlarven und anschließend mit Leichtigkeit korrigieren.

Du klingst immer noch ein wenig begeistert.

Na ja, ich musste eben über mich selbst schmunzeln. Wir lernten an der Uni Modelle kennen, mit denen man Prozesse vereinfacht darstellen und beschreiben konnte. Das war so beeindruckend, dass ich es, während eines Ferienjobs in der IT-Abteilung eines mittelständischen Unternehmens, gleich ausprobieren musste. Am Ende der sechs Wochen, in denen ich dort arbeitete, hatte ich eine Wandfläche von circa acht mal drei Meter vollständig mit dem Ausdruck des Objektmodells und all seiner nervensystemartigen Knoten tapeziert. Ich war stolz wie Bolle.

Deine IT-Kollegen waren da anfangs etwas skeptisch.

Gut, aber die hatten so was auch noch nicht gesehen. Ich glaube, die haben den Sinn dahinter nicht sofort umrissen.

Der da wäre?

Die kompletten betrieblichen Abläufe vollständig beschreiben und für die anschließende Entwicklung der Informationssysteme und Datenbanken direkt nutzen zu können.

Und? Hat es funktioniert?

Nicht wirklich. Es gab zu der Zeit leider noch kein Werkzeug, welches das strukturelle Design hätte in ein nutzbares Programm verwandeln können.

Aber Du warst begeistert von dieser Idee sowie der Art und Weise der Erfassungsmethodik?

Natürlich, was für eine Frage! Es war das Neueste vom Neuen, dazu noch vollständig objektorientiert.

Was ich damit sagen will, ist, Du warst so begeistert von diesem neuartigen Konzept, dass Du nicht auf die Idee gekommen bist es zu hinterfragen. Die schlauesten Köpfe hatten es ersonnen, warum sollte es also nicht funktionieren? Bestimmt wird es noch heute so genutzt.

Ähm, da bin ich mir nicht sicher. Ich denke, es findet so keine Anwendung mehr, denn man hätte zur Umsetzung auch objektorientierte Datenbanken gebraucht, die am Markt aber nicht verfügbar waren.

War es jetzt Bequemlichkeit oder konntest Du tatsächlich nicht erkennen, dass dieser Versuch der Analyse nicht ganz so zukunftsträchtig und flexibel sein würde, wie sich das Deine Lehrer so erhofften?

Ich weiß nicht. Unsere Professoren hatten uns förmlich angesteckt mit ihrer Idee, alles und jeden mit ihrem Modell digitalisieren zu können. Es sah fantastisch aus und fühlte sich in dem Moment auch so an. Es hätte in dieser Form sicherlich die Gestaltung moderner IT-Landschaften revolutioniert, da mit etwas Anleitung weniger Systemanalytiker und Unternehmensberater von Nöten gewesen wären, um die innerbetrieblichen Abläufe einfach zu erfassen, geschickt zu optimieren und anschließend, auf Knopfdruck eine individuell angepasste Software daraus zu entwickeln.

War es der Respekt vor dem Wissen des Professors?

Nicht nur. Es war die Begeisterung über den eigenen Geistesblitz, die er uns in die Köpfe pflanzte. Es war die Gründungszeit der modernen Softwareentwicklung und ich durfte sie nicht nur miterleben, sondern auch mitgestalten. Was kann es für einen jungen technikbegeisterten Menschen schöneres geben, frage ich Dich?

Du warst also so begeistert, dass Du nicht im Traum am Sinn dieses Systems gezweifelt hast?

Klar nicht, warum auch. Es gab ja keine Erfahrungswerte und die Wirtschaft war bereit utopische Gehälter für Menschen zu bezahlen, die solche Systeme nutzen und ausbauen konnten.

Tja, da Du heute nicht mehr damit Deine Brötchen verdienst, gestatte mir eine Frage: Was ist geschehen? Wann und wohin ist diese Begeisterung verschwunden?

Kann ich gar nicht so einfach sagen. Ich denke mit dem Einzug in die „reale" Arbeitswelt, bröckelte auch die glänzende Fassade dieser euphorischen Denkweise und bekam leichte Risse. Ähnlich wie im Falle unseres Bisosphären-Experiments, fand ich heraus, dass es in der Praxis doch nicht so einfach war, sämtliche Vorgänge auf diese digitale Weise zu erfassen. Es funktionierte für viele, aber eben nicht für alle. Man konnte sicherlich weit über fünfundneunzig Prozent der Dinge so digitalisieren, jedoch blieben einfach trotzdem einige Bereiche übrig, mit denen das nicht so leicht klappte.

Sonderfälle?

Ja. Abläufe, die sich einfach mit keiner digitalen Regel hätten so leicht abbilden lassen. Hinzu kam noch das sogenannte Ausnahmeverhalten in bestimmten Situationen, an dem eine vollständige Automation zum Schluss dann letztendlich scheiterte.

Du hast also im Laufe der Jahre erkannt, dass die vermeintlich geniale Idee in der Praxis doch nicht so einfach umsetzbar war?

Dazu brauchte es keine Jahre. Der Einsatz an der praktischen IT-Front, brachte das digitale Ideengerüst viel schneller zum Einsturz, als es mir lieb war. Aber es gab noch andere Aspekte, die mich zum Nachdenken anregten.

Nämlich?

Es waren auch die Probleme, die die Menschen in der Firma teilweise damit hatten. Ich erinnere mich an eine Dame vorgerückten Alters, die anlässlich des Austauschs ihres veralteten PCs förmlich zusammenbrach und mit Kündigung drohte. Die Neuerung brachte sie nervlich so an ihre Grenzen, dass sie tatsächlich ein paar Tage Auszeit benötigte. Ich konnte sie damals nicht verstehen, denn für mich war ein brandneuer Rechner unglaublich spannend. Er war eine Spielwiese, auf der man sich austoben und Neues ausprobieren konnte. Auf die Idee, dass jemand Angst vor dem Verlust des Altgewohnten haben könnte, wäre ich in diesem Zusammenhang von mir aus nie gekommen. Ihre Reaktion war für mich erschreckend und befremdlich zugleich.

Warst Du zu tief drin in der digitalen Scheinwelt?

Vielleicht. Ich war einfach davon überzeugt, dass diese Art von Fortschritt eine gute Sache sei, für die es sich zu kämpfen lohnte.

Zu kämpfen?

Ja, nicht wörtlich, aber im übertragenen Sinn. Als Mitarbeiter des EDV-Teams, welcher ich als Praktikant regelmäßig neben dem Studium her war, sah ich es als meine Berufung an, Menschen an diese neuen Möglichkeiten heranzuführen. Sie davon zu überzeugen, dass ihre eigentliche Arbeit viel schneller und effektiver ablaufen könnte, als das vor der Optimierung der Fall war.

Hast Du ihre Bedenken zu dieser Zeit nicht wahrgenommen?

Doch schon. Aber ich war so besessen von der Idee des aus meiner damaligen Sicht positiven Fortschritts, dass ich alles und jeden mit diesem Optimismus überrollte. Wie konnte jemand sich allen Ernstes jenem tollen, zeit- und geldsparenden Paradigmenwechsel einfach so in den Weg stellen? Da nicht mitmachen? Für mich damals unbegreiflich.

Und heute?

Geht's mir selbst ein wenig wie den Menschen, die ich versuchte zu missionieren. Ich ernte häufig immer noch ungläubige Blicke, wenn ich sage, dass ich mein Handy selten mitnehme. Dass ich WhatsApp, iMessage oder andere Kurznachrichtentools so gut wie nie benutze, da ich keine Lust habe, auf einer winzigen Tastatur lange Konversationen „einzutippen", die ich viel einfacher auch in einem kurzen Telefonat erledigen kann.

Klingt in der Tat ein wenig technikfeindlich.

Nein, ist es aber nicht. Vielmehr ist der scheinbare Glanz der Technik irgendwie verblasst. Als technisch interessierter Mensch freust Du Dich auf alles revolutionär Neue. In der damaligen Zeit beginnend mit den 1980er Jahren, machte unter anderem die Entwicklung der Prozessoren und Speichermedien rasante Fortschritte. Betriebssysteme und Software wurden immer moderner und zunehmend auch über grafische Oberflächen bedienbar. Eine wirklich sichtbare Verbesserung damals.

Aber?

Diese rasante Entwicklung hielt so nicht an. Es wurden zwar immer noch jedes Jahr neue Rechner und Programme entwickelt, jedoch nahm aus meinem Blickwinkel der Grad der Weiterentwicklung stetig ab. Es fand keine so grundlegende Neuerung und

Steigerung mehr statt, wie die Jahre zuvor. Irgendwann hatte ich den Eindruck, dass die Projekte, die ich bearbeiten durfte, sich ständig wiederholten. Es gab meines Erachtens nach keine *wirkliche* Weiterentwicklung.

Du meinst, Du sahst darin kein Wachstumspotenzial mehr?

Irgendwie ja. Es war wie ein Spielzeug, mit dem man so lange gespielt hat, dass es einem keine weitere Lernmöglichkeit in Form anderer Spielvarianten mehr bot. Kennst Du das?

Natürlich. Fällt Dir was auf?

Nein, was?

Du hast Dich dadurch, dass Du Dich mit technischen Dingen auseinandergesetzt hast, weiterentwickelt. Du hast gelernt, dass sich die „Welt da draußen" nicht durch ein paar Bits und Bytes zu hundert Prozent abbilden lässt.

Ja, so könnte man das ausdrücken.

Die Technik war ein wichtiger Aspekt Deiner ganz persönliche Evolution und ist es sicher in einigen Bereichen noch heute, wenn auch eher als Werkzeug denn als Katalysator.

Du meinst ...

Ja, meine ich. Die Technik gehört(e) genauso zu Deinem Entwicklungsumfeld, wie die Natur vor Deiner Haustür. Du hast Dich mit ihr auseinandergesetzt. Sie ist Teil Deines Lebens und sie ist damit auch Teil Deiner Natur. Welchen Sinn sollte es also machen sie zu verteufeln?

Vermutlich keinen. Das Kuriose ist nur, dass ich jahrelang versucht habe, Menschen dazu zu bringen, digitale Hilfsmittel optimal einzusetzen. Jetzt helfe ich ihnen dabei, sich von überflüssiger Technik zu trennen.

Nicht von der Technik, nur von der Idee, sie könnten von ihr abhängig sein. Ein kleiner aber feiner Unterschied, wie ich finde.

Du hast Recht. Trotzdem, irgendwie kriege ich die beiden gegensätzlichen Welten immer noch nicht so ganz zusammen. Kannst Du mir das bitte nochmal erklären. Computer, Smartphones sowie moderne Fahrzeuge sind doch nichts „natürliches". Sie schaden der Umwelt, also meinem Lebensraum, oder etwa nicht?

Mutter Natur ist nicht annähernd so schwach, wie Du sie zuweilen gerne siehst. Sie hat schon weit größere Katastrophen als den Menschen überstanden. Aber Spaß beiseite, ich denke, ich kann Dir da weiterhelfen.

Klingt gut.

Der Denkfehler ist die Perspektive. Du bist, ebenso wie viele andere, verhaftet in der Sicht, dass der Mensch eine Sonderrolle im Bereich der Fauna einnimmt. Doch das stimmt so nicht ganz. Mag sein, dass seine Spezies zeitweise das Leben auf diesem Planeten dominiert. Aber eben nur zeitweise!

Wie meinst Du das?

*Na so, wie ich es sage. Aber bleiben wir erst einmal bei dieser verschobenen Sichtweise. Durch die Tatsache, den Menschen als etwas Erhabenes oder gar als Spezies mit erweiterten Fähigkeiten zu sehen, die **mehr** Schöpfergewalt als andere Arten auf der Erde besitzt, degradierst Du die Natur. Du machst sie zum Opfer ihrer Umstände. Dabei verhält es sich genau umgekehrt.*

Umgekehrt? Ich glaube ich verstehe nicht, was Du meinst.

Nur weil sich die Tier- und Pflanzenwelt nicht so verhält, wie es in die Enge getriebene Menschen tun würden, bedeutet das nicht, dass sich die Natur nicht „wehren" kann. Sie ist nicht schwach, weil sie nicht „zurückschlägt" und sie ist auch nicht primitiv nur, weil sie nicht in Einsen und Nullen denkt, wie die Geräte, die mittlerweile Dein Leben bestimmen.

Es ist vielmehr so, dass sie nicht auf der anderen Seite steht. Es gibt kein hier und dort, kein drinnen und draußen, kein künstlich und natürlich. Letztendlich ist alles natürlich, denn der Mensch ist Teil eines hochkomplexen Lebensraums, dessen Gesetzmäßigkeiten er nur (noch) nicht in allen Bereichen kennt.

Du meinst, es ist ein bisschen so wie in meinem damaligen Versuch, die betrieblichen Abläufe in einem Modell digital abzubilden?

In der Tat. Sei mir bitte nicht böse, wenn ich das so flapsig formuliere, aber die Situation erinnert mich an die Diskussion der Flöhe darüber, wem der Hund gehört, auf dem sie sitzen. Es macht keinen Sinn, die menschliche Spezies aus dem natürlichen Kontext herauszustellen, als wäre sie ein extrem glücklicher Sonderfall in der irdischen Evolutionsgeschichte. Der Mensch gehört genauso zum Mikrokosmos Erde, wie alles andere, was dieser Planet zu bieten hat. Er lebt auf ihr, in regem Austausch mit allem Anderen. Er ist fester Bestandteil eines fließenden dynamischen Gleichgewichts, das den Gesetzen der Natur folgt.

Aber irgendwie heben wir Menschen uns doch vom Intellekt her von den Tieren ab, oder nicht?

Darum geht es mir im Moment gar nicht. Ich will Dir lediglich aufzeigen, dass diese Sichtweise dazu führt, dass der Mensch in der Annahme seiner Einzigartigkeit eine Entschuldigung dafür gefunden hat, das dynamische Gleichgewicht so weit als möglich in seine Richtung zu verschieben. Er strapaziert die Grenzen dabei täglich aufs Neue, nicht wissend, dass er selbst derjenige ist, dem er mit diesen Manipulationsversuchen am allermeisten schadet.

Es ist ein bisschen so, als würde eine Marionette versuchen, selber die Fäden zu bedienen, an denen sie hängt. Dadurch dass sie Teil des kleinen Bühnenstücks ist, kann sie sich selbigem weder körperlich, noch geistig und schon gar nicht energetisch entziehen. Sie spielt **eine** Rolle in diesem Ensemble. Nicht mehr aber auch nicht weniger.

Klingt einleuchtend. Was hat das mit dem Gegensatz Natur versus Technik zu tun?

Geduld mein Freund. Da die Marionette keine Dinge außerhalb ihrer Bühne erschaffen kann, entsteht alles, was sie schafft, logischerweise aus den ihr zur Verfügung stehenden Materialien. Und diese Grundstoffe, oder besser gesagt ihre Bestandteile, sind zwangsläufig natürlichen Ursprungs. Da dem so ist, sind ebenso die Vorgänge ihrer Entstehung natürliche Prozesse. Gemäß dieser Definition ist also auch das Produkt Alkohol am Ende eines Gärprozesses keineswegs „natürlicher" als ein Kunststoff.

Aber wesentlich ungesünder.

Kommt sicherlich auf die Konzentration an. Das Problem Kunststoffmüll entsteht folglich nur vordergründig durch moderne Technik. Hinter den Kulissen erwächst es aus einer Verschiebung eines Gleichgewichts. Natürliche Ausgangsstoffe wurden auf eine Weise miteinander kombiniert, die das Endprodukt extrem haltbar und witterungsbeständig macht. Zum Beispiel, um eine robuste Plastiktüte daraus herzustellen, die es Dir auch im strömenden Regen noch ermöglicht, Deine Einkäufe sicher nach Hause zu transportieren.

Wohl war …

Der Nachteil dieses Konzepts ist, dass es den Prozess des natürlichen Zerfalls der beteiligten Rohstoffe um ein vielfaches verlangsamt. Es wird durch die Herstellung des Endprodukts unter anderem auch das Gleichgewicht der in der Natur vorkommenden Stoffe verschoben. Oder mit anderen Worten: Kunststoff zu produzieren ist in Sachen Natürlichkeit nichts anderes als Bierbrauen. Beides sind ausgeklügelte Verfahren, um bestimmte Ausgangsstoffe so geschickt miteinander reagieren zu lassen, dass etwas Neues entsteht. Etwas Technisches, wie Du es nennen würdest.

Ja, wobei ich Bier schon als *natürliches* Lebensmittel bezeichnen würde.

Genau da liegt der Hund begraben. Nur weil die verwendeten Zutaten für den menschlichen, tierischen oder pflanzlichen Organismus weniger zuträglich sind, ist das Produkt keinesfalls „unnatürlich", denn es entstammt ja der Dich umgebenden Natur. Kein Rohstoff zur Herstellung der Plastiktüte stammt von einem anderen Planeten!

Sicher, aber der Prozess der alkoholischen Gärung ist ja ein natürlicher Vorgang, der auch ohne menschliches Zutun draußen ablaufen könnte, die Kunststoffproduktion hingegen wohl eher nicht.

Da ist er schon wieder.

Wer?

Na Dein Denkfehler. Nur weil etwas nur durch Menschenhand erzeugt wird, ist es deswegen nicht weniger „natürlich"!

Betreibst Du da nicht wieder mal etwas Wortklauberei?

Keinesfalls. Denn durch die Trennung zwischen „natürlichen" und „technischen" Sachen erhältst Du diese Kluft zwischen Mensch und Natur weiterhin aufrecht. Der Mensch ist ein Teil von ihr, genau so wie es die Produkte seiner Arbeit sind. Du würdest ja die Feuersteinaxt Deiner frühen Vorfahren auch nicht als Hightech bezeichnen oder?

Ähm, nein. Aber die ist eben nicht so kompliziert wie eine moderne Motorsäge zum Beispiel.

Dinge, die komplexer sind, packst Du also automatisch in die Technikschublade?

Tendenziell ja.

Das bedeutet, Produkte die so kompliziert sind, dass sie nicht jeder auf Anhieb selbst fertigen oder bauen kann, sind „Technik"?

So in der Art würde ich das sehen.

Also Technik ist kompliziert, raffiniert und künstlich, während Holz, bearbeiteter Feuerstein und pflanzliche Fasern zum Befestigen des Keils eher primitiv und natürlich sind?

Ja, ich denke, so sehen das wohl die meisten.

Und eben darin liegt das Problem! Hast Du Dir je ein Stück Holz mal genauer angesehen? Weißt Du, wie genial die Natur alleine die Fortpflanzungsstrategien der unterschiedlichen Baumgattungen ersonnen hat? Wie erstaunlich und dennoch wissenschaftlich ungeklärt der Sachverhalt ist, dass selbst Blätter in den Höhen so mancher Baumkrone, entgegen der Schwerkraft, mit dem notwendigen Wasser versorgt werden? Würdest Du diese wundervollen Vorgänge in der Natur als weniger komplex ansehen?

Selbstverständlich nicht! Aber ...

Aber sie sind eben nicht vom Menschen gemacht richtig? Sie sind ein Geschenk der Natur, dem die meisten Deiner Zeitgenossen immer weniger Beachtung schenken.

Leider. Viele haben es verlernt, den Zauber der Natur zu spüren.

Eben, deshalb ist es ja so wichtig, die Mauern in den Köpfen einzureißen. In dem Moment, in dem es Dir gelingt, Technik und Natur nicht als voneinander getrennte Welten wahrzunehmen, wird es Dir auch wieder glücken, Maschinen, Computer und Autos als das wahrzunehmen, was sie tatsächlich sind: mehr oder weniger nützliche Evolutionshilfen der Spezies Mensch.

Du meinst, es verhält sich ein bisschen wie in meinem Beispiel. Wenn ich genug „gespielt" und dadurch gelernt habe, entsteht so etwas wie Langeweile. Ich will mehr wissen und wende mich neuen Herausforderungen zu, die tiefgründiger sind, als das mir überdrüssige Spielzeug.

Genau. Du beginnst die wahren Zusammenhänge weiter zu ergründen. Vielleicht bemerkst Du auch, dass sich durch Dein Spiel bestimmte Gleichgewichte in Deinem Umfeld verschoben haben. Dass es Sinn machen würde, das eine oder andere Spielzeug in Deinem „Kinderzimmer" wieder ins Regal zu legen. Aufzuräumen, sich ein wenig müde im Schatten einer alten Eiche niederzulassen und darüber nachzudenken, wie sehr Dich dieses Spiel in letzter Zeit von dem abgelenkt hat, was Dich eigentlich interessiert.

Und das wäre?

Dein Leben.

29. März 2019

Lass uns doch bitte wieder zum eigentlichen Thema zurückkommen. Ich meine, wir sollten uns noch intensiver mit der Digitalisierung auseinandersetzen. Und vor allen mit den Problemen, die sie verursacht.

Okay, mit welchem möchtest Du beginnen?

Mich beängstigt manchmal das Verhalten vieler Menschen im Alltag. Es hat den Anschein, dass sie irgendwie gar nicht richtig „da" sind. Sie leben in ihrer Welt und reagieren zunehmend gereizt auf alles und jeden, der ihren „Plan" in irgendeiner Weise durchkreuzt. Weißt Du, was ich meine?

Ich kann es mir denken.

Mir kommt es so vor, als ob diese Abwesenheit damit zu tun hat, dass viele eben mit all der Informationsdichte um sie herum nicht wirklich klar kommen. Ständig piepst irgendwo ein Handy, poppt eine E-Mail auf oder melden sich Menschen via WhatsApp, die man schon seit langem nicht mehr in natura getroffen hat. Kann es sein, dass da das Gehirn irgendwie überfordert ist und das Verhalten daher rührt, dass scheinbar unnötige Sozialkontakte eher störend wirken?

Bevor wir über andere mutmaßen ... wie geht es denn Dir damit?

Schlechtes Beispiel! Ich nutze diese Dienste ja nicht in dem Ausmaß wie die Leute, von denen ich eben sprach.

Findest Du? Ich denke wir sollten trotzdem bei Dir anfangen.

Na gut, leg los.

Kennst Du das Gefühl der Ungeduld? Ich meine, mich daran erinnern zu können, dass es Dir selbst häufig schwerfällt, andere ausreden zu lassen.

Na ja, aber nur weil sie nicht zum Punkt kommen. Viele schwafeln so lange um den heißen Brei herum, dass ich dabei schon fast vergessen habe, was sie eigentlich sagen wollten. Da muss man doch mal eingreifen oder nicht?

Findest Du das nicht etwas unhöflich?

Oh bitte! Diese Diskussion hatten wir doch schon. Unhöflich ist, meine kostbare Zeit zu vergeuden!

Wenn Du der Meinung bist, dadurch Lebenszeit zu vertun, warum kommunizierst Du dann überhaupt mit ihnen?

Vielleicht könnte ich ja doch etwas verpassen durch das Nichtzuhören.

Du denkst also, Dein Leben wäre leichter, wenn Mitmenschen die Sache schneller und präziser auf den „Punkt" bringen würden, anstatt soviel Unnötiges um den Kern herum zu erzählen?

Ja, so in der Richtung. Ich meine, manche sprechen einfach für ihr Leben gerne und reden über Nebensächlichkeiten, die mich gar nicht interessieren.

Ach so. Es wäre also angenehmer für Dich, wenn Du solche Unterhaltungen mit Leuten, die Du auf dem Supermarktparkplatz zufällig triffst, etwas abkürzen könntest, indem Du einfach nur die Kerninformationen erhältst?

Na ja, höflich wäre es nicht, aber praktischer.

Darf ich Dich was fragen? Woher weißt Du denn, was wichtig ist und was unwichtig? Vielleicht liegen Deinem Gesprächspartner ja Dinge am Herzen, die er gerne mit anderen Menschen teilen möchte.

Hmm ...

Hast Du Dir mal überlegt, dass es dabei nicht nur um ihn, sondern auch um Dich geht?

Wie meinen?

Na ja, vielleicht bietet Dir ein Gespräch eben mehr als nur das „Erwartete". Eventuell erfährst Du in diesem Dialog auch Sachen, die für Dich wichtig sind, obwohl Du gar nicht wusstest, dass sie es sind.

Wichtige Dinge? Unerwartet?

*Klar. Die Kommunikation mit anderen Individuen dient ja nicht nur dem reinen Informationsaustausch. Es geht nicht immer nur um das, was gesagt wird, sondern manchmal eben auch um das, was **nicht** gesagt wird oder wie es gesagt wird. Das was zwischen den Zeilen steht. Verstehst Du, worauf ich hinaus will?*

Noch nicht so ganz.

Ich bitte Dich, schau Dir Deine Erwartungshaltung an dieses Gespräch doch einmal selbstkritischer an. Du verhältst Dich fast schon wie eine Maschine, die nur nach weiteren Informationen Ausschau hält. Nützliche Fakten, Input, den sie ruckzuck erfassen und speichern kann.

Ich bin doch keine Maschine!

Und weshalb denkst Du dann wie eine? Warum fokussierst Du Dich ausschließlich auf schnelle, digital leichtverdauliche Kost, anstatt Dein Gegenüber in Gänze wahrzunehmen? Ich wette, Du könntest in den meisten Fällen nicht einmal mehr wiedergeben, welche Farbe seine Jacke hatte!

Na ja, vielleicht nicht, aber wozu auch?

Siehst Du denn gar nicht, dass dabei etwas Wichtiges völlig auf der Strecke bleibt?

Und das wäre?

Die Menschlichkeit. Das was ein lebendiges Individuum von einer komplizierten Rechenmaschine unterscheidet. Du hast viel mehr drauf als ein Computer, der einfach nur möglichst große Informationsmengen sammelt und bearbeitet!

Danke für das Kompliment, aber ich komm nicht drauf, was Du mir damit sagen möchtest.

Empathie, mein Freund. Empathie! Du bist in der Lage, Dein Gegenüber auch ohne Worte bestens zu verstehen.

Du kannst seinen Gefühlszustand auf einer ganz anderen Ebene wahrnehmen. Einer Stufe, die zwischen den Zeilen und jenseits harter sachlicher Informationen zu finden ist. Ist Dir das nicht bewusst?

Glaube schon, aber das ist doch anstrengend. Wenn mir jemand klipp und klar sagt was Sache ist, muss ich nicht wild „in der Gegend herumfühlen".

Nein, musst Du nicht. Aber Du kannst.

Was ist dann das Problem?

Das Problem ist, dass Du Dich darüber ärgerst, von anderen nicht wahrgenommen zu werden. Sie laufen wie ferngesteuert umher und alles und jeder stört sie, oder besser gesagt, ihren Informationskonsum. Sie könnten Wichtiges verpassen, wenn Individuen ihre Zeit stehlen, die sie nicht einmal persönlich kennen. Sie verhalten sich ähnlich wie eine Maschine, die ein festes Programm durchläuft. Sie blicken nicht mehr über den „Handyrand" hinaus. Jetzt klarer?

Du willst sagen, ich verhalte mich wie eine Maschine, wie ein dummes Computerprogramm?

Nein, aber Du denkst wie eine. Du bist oft genauso süchtig nach schnellem und unkompliziertem Informationsinput, wie viele andere auch. Zeit ist Geld und das willst Du Dir schließlich nicht von jemandem stehlen lassen.

Bist Du da grad nicht ein wenig hart in Deinem Urteil? Schließlich habe ich mich doch die letzten Jahre schon ganz gut gemausert, was meine Feinfühligkeit betrifft.

Und dennoch bist Du ungeduldig, ja geradezu auf der Lauer nach dem schnellen Informationskick.

Aua, das tut weh. Na gut, manchmal ist es so, zufrieden?

Es geht doch nicht darum, Dich an den Pranger zu stellen! Du hattest eine Frage und ich möchte sie Dir gerne beantworten. Es hat damit zu tun, dass die kommunikative Welt einfach viel komplexer geworden ist, als sie das zum Beispiel noch in den 1980er Jahren war. Du würdest vermutlich sagen, die Taktfrequenz ist gestiegen.

Ja, da ist schon was dran. Gab ja auch kein Internet damals.

Exakt. Mit der Verfügbarkeit dieses Mediums hat zeitgleich die Anzahl der täglich zu verarbeitenden Ereignisse zugenommen. Kein Wunder also, dass Du Dich da irgendwie schützen musst, um in dem Informationschaos zurechtzukommen. Ständig die Angst, Dinge zu versäumen. Was ist für mich wichtig und was nicht? Ebenfalls kein Wunder, dass Du dabei langsam anfängst, wie eine Maschine zu denken und Inhalte filterst.

Ja, manchmal geht's scheinbar nicht anders. Irgendwie kann ich mich dem Ganzen ja auch nicht entziehen, oder?

Ich denke schon.

Und wie soll das gehen? Wichtige Infos lauern heute schließlich überall. Sicher, Du hast Recht, man will auch nichts verpassen. Da muss man dann irgendwann Prioritäten setzen und ...

Abschalten? Die maximale Kommunikationsdauer mit anderen Menschen einschränken zugunsten der ach so wichtigen Informationen aus dem Internet?

Gut, dann bin ich jetzt auf einen konstruktiven Vorschlag gespannt! Wie soll ich das Ganze Deiner Meinung nach angehen?

In dem Du aufhörst, digital zu denken! Suche nicht nach Informationen, die wichtig sind, sondern lass Dich von ihnen finden!

Klingt wie der Werbeslogan für eine neue App, die einen nur noch tiefer in diesen Strudel zieht.

Ist es aber nicht. Die Krux der Digitalisiererei ist, dass Du so etwas brauchst wie einen Filter. Was ist wichtig, was nicht? Welche von den interessanten Fakten will ich erfassen? Welche nicht?

So würde wohl jeder Informatiker an die Sache herangehen.

Mag sein. Die Schwierigkeit ist, geeignete Kriterien für die Wichtigkeit von irgendetwas zu finden, die dann auch noch für Gott und alle Welt in gleicher Weise Gültigkeit besitzen. Dieser Katalog wäre starr, endlich und unflexibel. Ganz im Gegensatz zu Dir, wenn Du Dir etwas Mühe gibst!

Stimmt. Aber wie kommen denn jetzt die Informationen zu mir, ich meine, wie finden die mich, wie Du es formuliertest?

Eigentlich ganz einfach. Mach die Augen auf! Sei wieder aufgeschlossen und lass Dich von Deiner Neugier leiten. Wenn Dir irgendetwas auffällt, es irgendwo interessant riecht, Du eine Melodie oder ein Geräusch wahrnimmst, das Dich für Millisekunden in seinen Bann zieht, dann gib dem Verlangen nach. Setze Deinen Fokus auf das, was Dich „anspringt", denn genau das ist es, was Dich weiterbringt. Du musst nichts und niemandem nachlaufen, es kommt zu Dir.

Ernsthaft?

Natürlich! Darf ich Dich daran erinnern, dass viele der besten Erlebnisse in Deinem Leben scheinbar zufällig stattgefunden haben? Sie haben Dich gefunden und nicht umgekehrt. Du bist auf sie aufmerksam geworden, da sie sich interessant angefühlt haben und nicht, weil Du sie analytisch für wichtig befunden hast. Sie waren flux einfach so da. Erinnerst Du Dich nicht mehr?

Mal überlegen ... Ja, genau! Viele Dinge wollte ich erst gar nicht ausprobieren. Nein, lass es mich formulieren: Einiges hätte ich gar nicht gemacht, wenn ich länger darüber nachgedacht hätte. Zumindest haben mich zahlreiche solcher kleinen Augenblicke so in ihren Bann gezogen, dass ich wenig später dann häufig doch die Weichen in die eine oder andere Richtung gestellt habe. Verblüffend!

Nicht wahr? Die besten Erlebnisse entstanden aus einem Gefühl heraus, das Dich von einer auf die andere Sekunde durchflutete. Weglaufen zwecklos. Ähnlich wie der Moment, in dem man sich in eine völlig unbekannte Person verliebt, ist es mit vielen Dingen genauso. Ein Impuls durchströmt Deinen Körper und setzt danach eine ganze Reihe von Vorgängen in Gang, die letzten Endes dazu führen, dass Du Dich weiter entwickeln kannst.

Und genau dem steht die digitale Unachtsamkeit und das ständige Abgelenktsein im Weg.

Exakt. Die Energie folgt immer der Aufmerksamkeit. Nur was, wenn diese zu einem großen Teil nicht mehr Dir und Deiner Umwelt gilt, sondern vielmehr irgendwelchen Apps und deren Meldungen auf Deinem Handy?

Schätze, ich werde dann ständig müder und unzufriedener.

Ja, denn ähnlich einem nicht upgedateten Navi, führt Dich diese Art der Techniknutzung immer tiefer in den dichten Dschungel. Du verpasst die Wegweiser in Form Deiner Gefühle, die Dir inspirierend die Richtung anzeigen und landest prompt genau da, wo Du eigentlich gar nicht hin wolltest.

Statt mit einem fröhlichen Liedchen auf den Lippen locker Deinen Weg entlangzuschlendern, macht sich ein Gefühl der Unzufriedenheit breit, das Du dann meist auch noch mit weiterem sinnlosen Medienkonsum betäubst.

Ich muss zugeben, irgendwie kommt mir das schon bekannt vor. Das ist dann der Moment, in dem ich wütend werde und gar nicht weiß warum und auf wen.

Vermutlich auf Dich selbst.

Ja, nur auf mich selbst.

1. August 2019

Hast Du heute wieder etwas Zeit? Mich verfolgte noch ein Gedanke, der sich gestern Abend bereits in meinen Kopf verlaufen hatte und der mir irgendwie keine Ruhe ließ.

Klar habe ich Zeit. Schieß los.

Ich war gestern auf der Recherche nach einer neuen Festplatte für meine Datensicherung. Dabei fiel mir auf, dass Apple gar keine eigenen Kombigeräte für diese Aufgabe mehr herstellt. Die sogenannten Airport-Router mit Backup-Funktion waren einfach so praktisch. Du hast das Gerät aufgestellt, die Computer des Netzwerks damit verbunden und die Sicherung der Daten lief. Es funktionierte super und Du musstest Dich um nichts mehr kümmern.

Schade eigentlich.

Ja, meine ich auch. Scheinbar hatten die das schon vor ein paar Monaten getan, aber ich hatte es gar nicht mitbekommen.

Und Dein Problem?

Weißt Du, für mich und auch für viele andere steht kaum ein Mensch so für die Marke Apple wie der Firmengründer Steve Jobs, der ja leider schon vor einigen Jahren verstarb. Er war nicht nur ein Visionär, sondern einer, der seinen Visionen tatsächlich Gestalt verlieh. Einer, der sich oft auch mal eine blutige Nase holte, weil er auf Konventionen pfiff und Dinge umsetzte, die aus damaliger Sicht scheinbar nicht sinnvoll oder machbar waren.

Aber er schaffte es doch.

Genau. Er schuf ein erfrischend anderes Denkgerüst, das Du jeden Tag erlebst, wenn Du mit seinen Geräten arbeitest. Keine komplizierte Welt, sondern eine die einfach und intuitiv war. Ein wichtiger Bestandteil selbiger war auch die Unabhängigkeit von anderen Herstellern. Auf einem Mac[1] läuft eben nur die „werkseigene" Software. Genau das macht ihn so zuverlässig und schnell.

Jobs wurde für sein Modell oft kritisiert, manchmal sogar belächelt und vom Markt abgestraft. Aber er vertraute darauf und hielt unbeirrt an dieser Strategie fest. Genau das schätzten auch seine Anwender.

Die Aufgabe der Sparte mit den eigenen Routern und Datensicherungsgeräten ist für mich ganz klar ein weiter Schritt weg von dem, was Apple ursprünglich ausmachte.

Vertrauensverlust?

Ja, denke schon. Es ist wie bei zahlreichen anderen Marken auch. Es war das Vertrauen der Erfinder und Unternehmer in ihre Produkte, das letztlich dann weiter auf die Kunden übersprang. Viele Menschen kauften deren Geräte exakt aus diesem Grund. Man könnte also sagen, dass eben jenes Vertrauen die Grundlage für ihren geschäftlichen Erfolg darstellte. Genau das aber opfern sie jetzt als börsennotierte Unternehmen, teils zwangsweise, kurzfristig positiven Markttrends und Kursgewinnen.

Statt unbeirrt weiter auf das eigene Konzept zu setzen, folgt man nun doch den Verlockungen des schnellen

---

[1] Rechnername; Kurzform von Macintosh, ursprünglich abgeleitet von der Apfelsorte McIntosh;

Geldes und verliert so beides: zuerst das Vertrauen und im Anschluss dann den Erfolg.

Verstehe.

Ich frage mich warum? Wieso machen große Firmen immer wieder diesen Fehler?

Ganz einfach: weil sie ihn nicht als solchen ansehen. Du weißt selbst, dass in der Welt der Hochfinanz der Gewinn die einzig ehrbare Zielsetzung ist. Ideale zählen da kaum.

Aber wieso, schließlich waren es doch gerade solche Eigenschaften, die den Nutzerkreis so haben anwachsen lassen? Viele Marken leben bis heute genau von diesem Image.

Weil sich Vertrauen nun mal nicht berechnen und noch viel weniger digitalisieren lässt. Oder hast Du das schon einmal versucht?

Ähm ... nein.

Die computergestützte Suche nach immer neuem Optimierungspotential hat letzten Endes auch vor der Finanzwirtschaft nicht halt gemacht. Wer wachsen will, benötigt eben Geld.

Stimmt, aber was hat das mit Vertrauen zu tun.

Nun, wenn Du jemandem Geld leihst, dann tust Du das vermutlich ja nur, weil Du erwartest, dass Du es eines Tages auch wieder zurückbekommst, oder?

Klar.

Früher war dieser Vorgang wesentlich einfacher. Man kannte sich noch persönlich. Denk mal an das Verhältnis zu den Bankangestellten in Deiner Jugend.

Stimmt, quasi von klein auf. Schon wir Kinder liefen mit unseren Sparschweinen in die Bank und freuten uns darauf, die Münzen zählen zu lassen und auf's eigene Sparbuch einzahlen zu können.

Auch die Angestellten wechselten nicht so häufig wie heute. Es war erwünscht, dass man sich persönlich kannte, denn das erleichterte die Arbeit.

Du meinst, wenn man jemanden schon von Kindesbeinen an kennt, fällt es auch leichter, ihn besser einschätzen und vertrauen zu können?

Genau. Nicht nur im Finanzsektor, sondern ganz allgemein im Geschäftsleben galt dieser Grundsatz. Man reichte die Hand nur dem, dem man vertraute. Oder von dem man sich zumindest ein gutes Geschäft erhoffte. Das Bauchgefühl und die jahrelange Erfahrung spielten eine ungeheuer wichtige Rolle.

Und warum tut sie das heute nicht mehr?

Weil die Welt „globaler" geworden ist. Hersteller, Händler und Käufer sitzen oft nicht nebenan, sondern tätigen ihre Geschäfte häufig über viele Landesgrenzen hinweg. Man kennt sich nur durch Telefonate, E-Mails oder Briefverkehr.

Leuchtet ein. Alles ist eben internationaler geworden.

So schön diese Form der „Markterweiterung" auch ist, bringt sie dennoch ein gewaltiges Problem mit sich. Dadurch, dass man nun seine Geschäftspartner nicht mehr im Vieraugengespräch vor sich hat und sicher einschätzen kann, muss man das ursprüngliche natürliche Vertrauen ebenfalls in irgendeiner Weise „durch die Leitung" transportieren.

Du meinst, man muss es „digitalisieren"?

Exakt. Es stellt sich die Frage, wie man dies technisch erledigen kann.

Na, in dem man sich auf belastbare Fakten stützt.

Und die wären?

Zum Beispiel Umsatz- und Gewinnzahlen, finanzielle Sicherheiten, Vermögenswerte, und und und ...

Da spricht der Informationsprofi. Man versucht also, die damit verbundene „Gefühllosigkeit" auf computergestützte Weise zu kompensieren. Ähnlich einem blinden Menschen, der sich mit einem Stock behilft, um vor ihm liegende Hindernisse rechtzeitig zu erkennen, dienen Vermögensauskünfte, Ratings oder Rankings dem modernen Unternehmer dazu, seine fehlende Einschätzungsgabe zu kompensieren.

Aber ein Blindenstock ist ja nun kein so effizientes Werkzeug, wie eine verlässliche Wirtschaftsauskunft, oder?

Ich befürchte, beide haben leider mehr Gemeinsamkeiten, als Du glaubst. Der einzige Unterschied: Die wenigsten verwenden einen Blindenstock freiwillig!

Wie, Du meinst, wir nutzen dieses digitalisierte „Ersatzgefühl" ohne Notwendigkeit?

Ja und das Ganze sogar mit Fleiß. Selbst wenn Dich der Bankberater schon seit vielen Jahren kennt und weiß, wie Deine Geschäfte laufen, was Du verdienst oder dass Du recht zuverlässig bist, wirst Du einen Kredit nicht ohne eine geprüfte Selbstauskunft erhalten. Sein Gefühl spielt keine Rolle dabei. Schlimmer noch: Es ist seitens der Führungsetage schlicht nicht mehr gewünscht.

Na gut, in der Finanzbranche gelten halt andere Regeln.

Diese Vorgehensweise findet sich leider nicht nur dort. Denk mal daran, wie oft Du als Kunde in letzter Zeit um Deine Bewertung gebeten wirst.

Ja, das greift echt um sich. Immer dieses „bitte nehmen Sie sich die Zeit und sagen Sie uns Ihre Meinung"!

Der Erfolg soll optimiert werden und Vertrauen in das eigene Produkt entsteht heute am einfachsten digital. Durch die computerisierte Auswertung aller Kundenmeinungen fühlen sich Händler, Dienstleister und Hersteller mittlerweile wesentlich sicherer, als dabei, nur dem eigenen Instinkt zu vertrauen.

Ich gebe Dir Recht. Möglichst genau erfasste und ausgewertete Aufstellungen zählen heute mehr, als die eigenen Gefühlen.

Das Schlimme daran ist, dass Vertrauen der Grundstein von allem ist. Wenn Du Dir selbst nicht vertraust, ein Ziel zu erreichen, wirst Du es nicht schaffen. Wenn Du dem Wirt Deines Stammlokals nicht zutraust, dass er gut kochen kann, wirst Du seine Speisen nicht bestellen. Wenn Du nicht von der Qualität der Waren des Schuhgeschäfts um die Ecke überzeugt bist, wirst Du sicherlich woanders einkaufen.

Umgekehrt werden Deine Kunden nur bei Dir kaufen, wenn Sie davon überzeugt sind, dass sie Dir trauen können. Vertrauen ist also auch hier die Grundlage. Kann dieses Gefühl aber nur noch durch technische Geräte aufrechterhalten werden, so verliert es seine Bedeutung. Es ist dann nämlich keines mehr.

Du meinst, es büßt die Wirkung ein?

Nein, ich meine, es handelt sich nicht mehr um ein Gefühl im engeren Sinne, sondern es wurde durch einen technischen Abwägungsprozess ersetzt. Ein Gefühl selbst ist ein komplexer Vorgang innerhalb Deines Körpers, an dem viele internen „Protagonisten" beteiligt sind. Es basiert auf der Fähigkeit des Menschen zur Empathie. Das wohlige Gefühl des Vertrauens wird durch vermeintlich sicheres Faktenwissen substituiert.

Sieht jetzt auf den ersten Blick doch gar nicht so schlimm aus.

Ist es aber leider aus mehreren Gründen. Zum einen sind auch noch so unverrückbar erscheinende Fakten manipulierbar oder mit der Gefahr einer falschen Interpretation behaftet. Ein Gefühl hingegen ist, was es ist.

Und was ist es Deiner Meinung nach?

Es ist individuell von den besonderen Gegebenheiten und der eigenen Wahrnehmung der betreffenden Person abhängig. Genau dies macht es absolut. Empirisch sozusagen, ganz im Gegensatz zu der meist auf statistischen Durchschnittswerten basierenden maschinellen Entscheidungsgrundlage, die in modernen Systemen in aller Regel zum Einsatz kommt.

Na ja, aber ich finde schon, dass man ein Gefühl auch immer in die eine oder andere Richtung interpretieren kann. Ein berechneter Wert klingt da doch in der Tat zuverlässiger.

Gut, lass uns das Ganze mal an einem Beispiel festmachen. Als Du und Kerstin Euer Auto ausgewählt habt, wie lief da der Entscheidungsprozess?

Ich habe einige Internetseiten durchforstet. Wir haben uns überlegt, was wir wirklich benötigen, was wir uns leisten können und was wir gerne hätten. Danach haben wir gecheckt, welches Auto denn innerhalb dieser Parameter in Frage kommen könnte.

Dann habt Ihr es also schon im Internet ausgesucht und natürlich sofort gekauft.

Nein, wo denkst Du hin. Wir sind zum Händler und haben zwei Autos probegefahren, um eben eines auszusuchen.

Aber der Händler war doch zertifizierter Fachhändler, hatte Topbewertungen im Internet und auch Bekannte von Euch hatten dort bereits gekauft. Warum dann die Probefahrt?

Weil wir ein Gefühl für den Wagen bekommen wollten. Gut erwischt, sicher war bei dem Kaufpreis auch die Neugier darauf ausschlaggebend, mit wem wir da Geschäfte eigentlich machen.

Und? Wie hat es sich angefühlt?

Gut, wir fühlten uns wohl. Deshalb haben wir es dann auch gekauft.

Keine Angst, Du könntest das Gefühl falsch interpretieren, Deinen Körper irgendwie missverstehen?

Nicht wirklich. Das Gefühl beim zweiten Auto und jenem Händler war gut, der Preis stimmte, was will man mehr?

Wie wäre es Dir ergangen, hättest Du dieses Fahrzeug blind kaufen müssen, also ohne es Probe fahren zu können?

Schätze, dann hätte ich es nicht gekauft. Oder vielleicht nur, wenn der Preis verlockend genug gewesen wäre, um alle Bedenken über Bord zu werfen.

Du siehst, es ist eigentlich ganz einfach mit dem Gefühl. Du brauchst keine Anleitung dafür, keine zeitaufwendigen Statistiken. Wie ich sagte, es ist eben, was es ist.

Ich schätze, Du hast Recht. Vielleicht sollte man es einfach wieder öfter nutzen und besser trainieren. Sicher verschwinden dann auch die Hemmungen und die Angst, irgendwas nicht richtig „bedacht" zu haben.

Natürlich. Und, es reduziert auch die Gefahr von anderen in der eigenen Entscheidungsfindung beeinflusst zu werden. Schließlich kann niemand für Dich fühlen.

Du sagtest vorhin „zum einen". Welche Gefahren siehst Du denn noch in der zunehmenden Digitalisierung.

Sagen wir, die fortwährend weiter verwissenschaftliche und technisierte Lebenseinstellung führt zu einem immer schlimmer werdenden Verlust des Grundvertrauens.

Was genau meinst Du damit?

Das Vertrauen ins Leben. Durch das Streben nach immer mehr technischem Hintergrundwissen und der Entmystifizierung vieler natürlicher Vorgänge, gerät das eigene Selbstvertrauen zusehends ins Hintertreffen. Wer alles anzweifelt und wissenschaftliche Beweise für Sachverhalte verlangt, die direkt von seinen Augen ablaufen, tut sich in der Regel sehr schwer damit, optimistisch in die Zukunft zu blicken. Die ständige Frage nach dem Warum macht ihn zu einem Getriebenen. Einem Menschen der seine natürliche Heimat verloren und keinerlei friedlichen Rückzugsort mehr hat. Er zweifelt an allem und so letztendlich auch an den eigenen angeborenen Fähigkeiten.

Die da wären?

Nimm beispielsweise die Selbstheilungskräfte, die jedem Lebewesen innewohnen, egal ob Pflanze oder Tier. In dem Du sie anzweifelst, verneinst Du das Leben in Dir. Du sprichst Mutter Natur ihre Intelligenz ab und das, obwohl sie Dir ein paar Millionen Jahre an Erfahrung voraushat. Wenn Du mich fragst, ist das weder logisch noch vernünftig, auch nicht aus wissenschaftlicher Sicht.

Nein, da gebe ich Dir Recht, das ist es nicht.

Vertrauen lässt sich nicht digitalisieren, weil es für jeden Menschen etwas anderes bedeutet. Es ist kein Vorgang, den man in irgendeiner Weise in mathematischer Form darstellen, geschweige denn, sinnvoll interpretieren könnte. Der zunehmende Verlust der Fähigkeit sich und anderen vertrauen zu können, ohne dazu wissenschaftliche oder technische Hilfe in Anspruch nehmen zu müssen, kommt einer menschlichen Bankrotterklärung gleich. Aber genau darin liegt auch eine riesige Chance.

Ich fürchte, ich kann Dir nicht ganz folgen.

Die Menschlichkeit, beziehungsweise das Leben, lässt sich nicht auf Dauer aussperren. Es ist wie der Versuch einen reisenden Fluss mit ein paar Brettern und Sandsäcken davon abzuhalten weiterzufließen. Erinnerst Du Dich an das, was ich Dir über die „Natürlichkeit der Technik“ erzählt habe?

Na klar. Du hast gesagt, dass technischer Fortschritt ebenfalls ein natürlicher Entwicklungsschritt in der menschlichen Evolutionsgeschichte ist.

Genau. Die Frage ist also nicht, ob Du etwas lernst, sondern nur wann und wie schnell Du dabei nasse Füße bekommst, um bei unserem Flussvergleich zu bleiben.

Digitale Technik ist eine tolle Sache, wenn man sie für die Dinge einsetzt, die sie auch zu erfassen im Stande ist. Versucht man hingegen, die Erdkugel, und alles Leben auf ihr, in eine kleine kantige Schatulle zu packen, wird der tölpelhafte Versuch sicherlich nicht mit einer positiven Erfahrung enden.

Weißt Du, dass das wieder alles so einfach und logisch klingt, wenn Du es erklärst. Warum verstehen es dann die Wenigsten?

Weil sie sich gerne vor ihren Gefühlen verstecken. Die digitale Spielwiese suggeriert eine Welt, in der man nicht nur stets alles mit einem Klick beeinflussen und ändern kann, sondern sie schützt (scheinbar) auch vor unangenehmen Lern- und Lebenserfahrungen. Diese mentale Sandbox[1] ist digital beherrschbar, ganz im Gegensatz zum eigenen Leben und den damit verbundenen Gefühlen.

Angst vor Trauer, Schmerz und Verletzung also?

Ja. Auch das sind Gefühle, die es im Leben „auszuhalten" gilt, denn sie tragen jede Menge Entwicklungspotenzial in sich. Selbst wenn die Hersteller digitaler Systeme das gerne anders darstellen. Aber genau dieses Potenzial ist es, welches dem Digitalisierungsstreben zwangsläufig zum Opfer fällt.

---

[1] Sandbox: Versuchsumgebung, um neue Entwicklungen gefahrlos testen zu können.

96

Darüber sollten wir uns noch genauer unterhalten.

Gerne ...

11. November 2019

Wir sind das letzte Mal bei den menschlichen Gefühlen und den durch sie möglichen Entwicklungspotenzialen hängen geblieben. Kannst Du das noch einmal etwas genauer erläutern?

Aber klar doch. Es geht dabei weniger um die Tatsache, dass Maschinen derzeit keinerlei Fähigkeit zur Empathie besitzen, als um das Problem, dass die Digitalisierung dem Menschen zunehmend die Möglichkeit bietet, insbesondere negativen unangenehmen Gefühlen leichter aus dem Wege zu gehen.

Hast Du da vielleicht ein Beispiel?

Natürlich. Die gute alte SMS ist zwar schon einige Jahrzehnte alt, aber auch im Rahmen ihrer zahlreichen Ableger bietet sie die wunderbare Möglichkeit, einem vielleicht unangenehmen Gespräch in Form eines Telefonats oder persönlichen Treffens ganz leicht auszuweichen. Schon mal darüber nachgedacht, wie viele Liebesbeziehungen ohne langes Gerede, zum Beispiel via WhatsApp, ein schnelles Ende finden?

Ja, da gibt es wohl einige, die diesen scheinbar schmerzfreieren Weg wählen.

Oder nimm die zahlreichen Dating-Portale, die es auch etwas scheueren Persönlichkeiten ermöglichen, ohne Kloß im Hals und Pudding in den Knien, den Wunschpartner „anzusprechen".

Das ist doch eine tolle Möglichkeit! Was ist daran bitte schlecht?

Gar nichts. Aber im Rahmen der Persönlichkeitsentwicklung führt dieses stress- und angstfreie Annähern auf Distanz sicherlich nicht zu allzugroßen Fortschritten. Ganz im Gegenteil! Die Möglichkeit verleitet sehr leicht dazu, das eigene Profil oft etwas „aufzuhübschen", wenn Du verstehst, was ich meine.

Schon kapiert. Statt sich mit dem unangenehmen Gefühl auseinanderzusetzen und echte Lösungen zu erarbeiten, wählt man die schmerzfreiere Variante und versucht so der eigentlich lehrreichen Erfahrung möglichst lange aus dem Wege zu gehen.

Exakt. Es ist wie ein Spickzettel in der Chemieklausur. Nur mit dem Unterschied, dass man selber derjenige ist, den man damit auszutricksen versucht. Man täuscht sich aus Angst vor möglichen negativen Erfahrungen lieber selbst, statt sich der Gefahr auszusetzen, im wahrsten Sinne des Wortes, ent-täuscht zu werden.

Nettes Wortspiel.

Danke, aber es ist im Grunde gar keines. Durch die Ent-Täuschung, also das vordergründig als negative und damit „schlechte" Erfahrung wahrgenommene Gefühl, wird der unverstellte Blick auf die eigene Situation frei. Genau darin liegt ja das Entwicklungspotenzial.

Na ja, zumindest wird es mir langsam klarer. In der digitalen Welt sind solche Dinge einfacher korrigierbar. Wenn nicht sogar bereits im Voraus steuerbar. Genau das macht ja auch den Charme der Systeme aus.

Ich würde fast sagen, das macht das Suchtpotenzial dieser Art eines „gefühllosen" Miteinanders aus. Je einfacher der digitale Weg, desto weniger wird man den menschlich persönlichen einschlagen. Verstehst Du jetzt, worin für

Dich die große Gefahr in dieser Form der
Kommunikation lauert?

Ja. Wir verlernen dank der zunehmenden digitalen
Vernetzung immer mehr den normale menschlichen
Umgang miteinander. Kommt mir so betrachtet vor
wie der Effekt, den Drogen haben, die die
Erfahrungsintensität belastender Ereignisse einfach
etwas „abmildern".

Der Effekt wirkt sich in der Tat ähnlich schlimm für die
Betroffenen aus, denn die Lernsituationen lassen sich
nicht beliebig lange auf diese Weise unter den Teppich
kehren.

Du meinst, irgendwann ist der Haufen darunter so
groß, dass man zwangsläufig darüber stolpern muss.

Genau. Das ständige Aufschieben der notwendigen
Lebens- und Lernerfahrungen, verschärft die Probleme
nur und zieht den eigentlichen Lernprozess unnötig in
die Länge. Anstatt sich direkt an die Arbeit zu machen,
schiebt man den Zeitpunkt immer weiter hinaus. Die
digitale Technik ist bezüglich des Problems dann kein
Katalysator mehr, der die Abläufe beschleunigt, wie man
gemeinhin annehmen könnte, sondern sie verlangsamt in
diesem Punkt die eigentliche Entwicklung der sozialen
Kompetenzen.

Klingt irgendwie wieder so technikfeindlich, findest
Du nicht?

Nein. Ganz im Gegenteil. Der aufmerksame Technikfreund wird bei objektiver Betrachtungsweise des aktuellen technischen Status quo sehr rasch feststellen, mit welch einzigartiger „Hard- und Software" ihn Mutter Natur bereits „ab Werk" ausgestattet hat. Und, dass die biologische Intelligenz seines Körpersystems nicht so ohne weiteres durch eine Maschine abgebildet werden kann.

Du spielst auf die künstliche Intelligenz an, die derzeit wieder in aller Munde ist.

Ja.

Denkst Du, es ist ein Fehler zu versuchen Maschinen mir einer gewissen Intelligenz auszustatten?

Das ist eine gute Frage. Was meinst Du?

Ich glaube, das ist im Moment, Gott sei Dank, noch gar nicht ohne weiteres möglich. Zumindest hoffe ich das. Denn die Vorstellung, wir könnten durch intelligente Roboter beherrscht werden, finde ich irgendwie gruselig.

Reine Selbstüberschätzung!

Wie bitte?

Ich meine bereits diese Angst, mit der Du übrigens nicht alleine dastehst, zeigt, wie sehr ihr Eure Möglichkeiten überschätzt.

Also ich denke schon, dass die Forschung auf dem Gebiet recht gute Fortschritte gemacht hat.

Ohne Zweifel. Aber Intelligenz setzt doch mehr voraus als das bloße Abarbeiten vordefinierter Handlungsabläufe. Du selbst hast oft genug die Erfahrung gemacht und eben haben wir auch über Vertrauen und Gefühle gesprochen, die derzeit nicht digital erfassbar sind. Genau die machen aber das aus, was Du als Leben bezeichnen würdest. Unabhängiges Leben. Leben, das nicht von äußeren Faktoren abhängt, sondern durch ein sich selbst erschaffendes System vollständig bestimmt wird. Leben ist nicht abhängig von einer Programmierung. Ja, es ist nicht einmal abhängig von einem anderen intelligenten Geist oder Organismus.

Ähm ... was?!? Ich glaube, ich kann Dir nicht ganz folgen.

Gut, dann lass uns das wieder an einem Beispiel betrachten. Nehmen wir beispielsweise das Wunder der Geburt eines neuen intelligenten menschlichen „Systems".

Die Entstehung eines Babys?

Ja, aber zwecks Vergleichbarkeit habe ich diesen technischen Ausdruck hier ganz absichtlich gewählt. Genauso bewusst übrigens, wie der Nachwuchs in sein irdisches Dasein startet.

Der Akt der Zeugung.

Exakt mein Freund. Zwei Menschen sind sich einig darüber und bewirken bewusst die Vereinigung ihres Erbgutes und stoßen damit gleichzeitig einen Prozess des Wachstums an.

Habe noch nie jemanden so abgefahren über Sex reden hören.

Aus zwei Zellen entsteht ein neues Wesen. Und zwar nicht durch irgendeine Programmierung oder eine Form der äußeren Einwirkung. Nein, es wächst vollkommen autonom und selbstbestimmt heran. Man könnte auch sagen, der neue menschliche Organismus erschafft sich selbst. Die Eizelle teilt sich nach der Befruchtung immer weiter, bis der fertige Körper aus rund dreißig Billionen Zellen entstanden ist. Ein echtes Wunder der Schöpfung, findest Du nicht?

Ja, das ist es, keine Frage.

Die Eltern, ich sollte besser sagen, die Erschaffer, haben ihrem Sprössling dabei alles mitgegeben, was sie ausmacht, ohne ihn in irgendeiner Weise zu reglementieren. Sie haben lediglich den Prozess angestoßen, den der neue Erdenbürger dann völlig eigenverantwortlich zu Ende bringt. Die Intelligenz liegt also, im wahrsten Sinne des Wortes, bereits in jeder Zelle dieses heranwachsenden Systems.

Wow, so habe ich das noch nie betrachtet.

Das System wächst und handelt völlig autonom. Nicht die Eltern haben zum Beispiel Einfluss darauf, wann der Sohnemann oder die Tochter atmet, sondern nur das Kind selbst. Seit der Befruchtung der weiblichen Eizelle durch das männliche Sperma, erschafft und erneuert sich das natürliche System namens Mensch gänzlich in Eigenregie. Es nimmt Nahrung zu sich, atmet, verbrennt diese und generiert so die Energie, die es für die Existenz benötigt. Selbst die einzelnen Zellen innerhalb des Körpers werden im Laufe des Lebens ständig erneuert. Ein Prozess, der erst mit dem Tod wieder zum Stillstand kommt.

Und die Intelligenz?

Steckt in jeder Zelle des Systems! Sie entscheidet letztlich sogar darüber, in welche Richtung die körperliche Entwicklung voranschreitet. Angeregt durch unterschiedliche, teils selbstgenerierte Millieuzustände entwickeln sich aus universellen Stammzellen genau die benötigten spezialisierten Zellen. Muskelzellen, Hirnzellen, Fettzellen, Hautzellen, spezielle Herzmuskelzellen und so weiter. Ohne eine gewisse Form der Intelligenz wäre diese Entwicklung unmöglich.

Und Du siehst genau darin den Unterschied zu einem künstlichen System?

Allerdings. Hast Du je einen Computerchip gesehen, der in irgendeiner Weise wächst? Ist Dir jemals ein System untergekommen, welches sich selbständig, und ich meine wirklich vom ersten Bit an, programmiert und konfiguriert?

Selbstverständlich nicht. So etwas geht ja auch nicht!

Doch, ein natürlicher Organismus schafft genau das. Und er ist sogar zu noch viel mehr fähig. Im Gegensatz zu einem Computersystem, so künstlich seine Intelligenz auch sein mag, kann er, eben bedingt durch die Gefühlswelt, zusätzlich auf äußere Zustände reagieren, die er nie zuvor erfahren hat. Eine Eigenschaft, die ein „Computerhirn" wohl selbst in absehbarer Zeit nicht zu leisten vermag. Soll ich weitermachen?

Nein, ich denke, ich habe verstanden, was Du mir damit sagen willst. Unsere technischen Spielereien führen uns solange immer tiefer in die Sackgasse, wie wir bereit sind, der Illusion aufzusitzen, sie seien in irgendeiner Weise „lebendig".

Ich sehe, Du hast verstanden, worauf ich hinauswollte. Intelligenz, egal ob künstlich oder natürlich, setzt Lebendigkeit voraus. Ohne Leben, keine Intelligenz. Alles andere wirkt vielleicht lebendig, ist es aber nicht. Es ist eine Sinnestäuschung. Eine Halluzination, wie sie zum Beispiel auch der Konsum einer Droge verursachen kann.

Ich frage Dich nun: Wie denkst Du, könnte also der Konsum einer derartigen „Droge" zur Klärung und Lösung menschlicher Probleme beitragen? Wie können solche Systeme sinnvoll in der Wissenschaft eingesetzt werden, ohne dabei eine verzerrte Darstellung der analogen Realität als integralen Systemfehler gleich mitzubringen?

Verstehe. Wir können solche „technisch intelligenten Systeme" nur dann sinnvoll einsetzen und nutzen, wenn uns auch deren Grenzen bewusst sind. Solange wir noch die von Menschen geschaffene Maschine, im Sinne eines Werkzeugs, hinter unserer Schöpfung wahrnehmen. Ein Konstrukt von dem per se keine Gefahr ausgeht, da sie ja nur die Aufgaben erledigen kann, die wir ihr vorher „einprogrammiert" haben. Im Gegensatz zu biologischen Organismen vermehrt sie sich auch nicht unkontrolliert oder gar unbeabsichtigt.

Genau so ist es.

Stopp mal! Was ist zum Beispiel mit Computer-Viren? Die vermehren sich doch auch manchmal unkontrolliert?

Unkontrolliert vielleicht, aber nicht intelligent. Sie sind eigens dafür konzipiert bestimmte Schwachstellen, die ihnen vorher einprogrammiert wurden, zu erkennen und zu nutzen. Beispielsweise um Daten zu sammeln, zu vernichten oder ganze Systeme zu sabotieren. Es steckt aber keine wirkliche Intelligenz im Inneren, die ihnen die Möglichkeit gäbe auf ähnliche Art und Weise zu mutieren, wie das ihre lebendigen Vorbilder jederzeit können. Im Gegensatz zu ihren technischen Nachbauten, benötigen diese dazu keinen menschlichen Schöpfer. Verstehst Du?

Klar, leuchtet ein ... hmm.

Was überlegst Du?

Ich glaube, ich stolpere gedanklich etwas über den Begriff. Wenn ich mir die Fähigkeiten ansehe, die die Natur so an den Tag legt, finde ich es ziemlich arrogant und anmaßend vom Menschen, sich als Schöpfer zu bezeichnen.

Und da ist er schon wieder.

Wer?

Der Trennungsgedanke. Der Denkfehler, den Du immer noch machst. Der Mensch ist Teil der Natur. Er ist lebendig. Leben ist Schöpfung. Ergo ist auch der Mensch ein Schöpfer.

Okay, erwischt. Ich meinte ja, die Arroganz anzunehmen, dass seine „technischen Schöpfungen" besser und wissenschaftlich korrekter sind, als ihr natürliches Vorbild.

Ich weiß. Aber je öfter Du Dir den Zusammenhang klar machst, desto weniger läufst Du Gefahr zu vergessen wer und vor allem was Du bist. Ein Mensch, der in der Lage ist hilfreiche Werkzeuge zu erschaffen und diese ebenso sinnvoll wie nutzbringend einzusetzen. Die Technik ist nicht Dein Feind, wenn Du auch sie als das wahrnimmst, was sie in Wahrheit ist.

Ein tolles Hilfsmittel und nicht der Beweis dafür anderen Arten oder gar der Natur gegenüber überlegen zu sein.

Mit dieser Erkenntnis lebt es sich wesentlich einfacher und ruhiger. Du musst nicht ständig irgendwem beweisen, dass Du besser bist. Du brauchst nicht mehr gegen die Gewalten der Natur kämpfen, sondern kannst Dir ihrer Unterstützung in jeder Sekunde Deines Lebens gewiss sein. In dem Augenblick, in dem Du Dich auf das Leben einlässt, wirst Du erfahren, was es in Wahrheit bedeutet, Schöpfer zu sein. Schöpfer Deiner eigenen Lebensumstände. Schöpfer Deiner eigenen Welt in der Du lebst. Du hast täglich die Wahl. Maschinen hingegen haben keine! Sie folgen ihrer Programmierung, wie der Zug den Gleisen - bis in den nächsten Bahnhof.

Danke.

Wofür?

Dass Du mir das nochmal so deutlich klar gemacht hast. Ich wünschte, wir Menschen würden das im Alltag nur auch häufiger beherzigen. Einfach wieder mehr Menschlichkeit, statt dem ständigen Versuch unseren digitalen Vorbildern in vielerlei Hinsicht hinterherzueifern.

Keine Sorge. Der Lernprozess ist längst im Gange. Hab einfach ein wenig Geduld ... vor allem mit Dir selbst.

28. November 2019

Beim letzten Mal sind wir bei dem Thema Menschlichkeit hängen geblieben. Das beschäftigt mich schon wieder eine Weile. Ich beobachte häufig, dass sich zwar immer mehr Menschen für benachteiligte Mitmenschen, den Klimaschutz, die Natur oder notleidende Tiere einsetzen, sich ihrem direkten Umfeld gegenüber aber sehr respektlos verhalten.

Hast Du ein Beispiel für mich?

Ja. Ich bin vor nicht allzulanger Zeit auf dem Weg zu einem Interviewtermin in einen Stau geraten. Hier in Coburg ist das schon ungewöhnlich, denn das ist ja keine Großstadt. Einige Teenager und deren Eltern waren anlässlich einer Fridays for Future-Demo unterwegs und radelten im Konvoi mit Polizeieskorte an der in die Gegenrichtung wartenden Autoschlange vorbei. Darin stand auch ich. Ich hatte das Fenster geöffnet und musste mich dabei aufs übelste lautstark beschimpfen lassen. Als „Arschloch mit meinem Spritfresser". Gerne hätte ich etwas erwidert, allerdings konnte ich nicht, da beim Öffnen der Autotüre wohl der ziemlich dicht vorbeigleitende Fahrrad-Treck ins Straucheln gekommen wäre.

Verstehe, dass Du da sauer bist.

Schon, aber das an sich war es gar nicht, was mich beschäftigt. Es ist eher die Art der Darstellung. Die Teilnehmer fordern Respekt vor der Natur und mahnen zu Recht einen anderen Umgang mit ihr an. Leider Gottes leben sie diesen aber selbst nicht. Das fühlt sich für mich irgendwie unauthentisch an. Weißt Du, was ich meine?

Sie lernen.

Was? Wie man seine Wut an anderen abreagiert, statt sie sinnvoll als Wegweiser in Sachen Selbstreflexion einzusetzen?

Bist ja immer noch sauer!

Na ja, vielleicht ein bisschen. Mich regt dieses oberflächliche Gutmenschengehabe einfach auf, wie es derzeit in vielen sozialen Medien propagiert wird! Es ist ja schön, wenn sich jemand in den Dienst einer bestimmten Sache stellt. Nicht so toll ist es wie ich finde aber dann, wenn diese Person ihre Aufgabe vor allem darin sieht, andere unbedingt *be-kehren* zu müssen. Statt mit dem Kehren erst einmal vor der eigenen Haustüre anzufangen und sich selbst zu fragen, was ich ändern muss, dass es mir gut geht? Wie kommt das? Warum denken immer alle, die Probleme dieser Welt dadurch lösen zu können, dass sie Fremden sagen, wie deren Leben aussehen soll, damit sie sich im Anschluss selbst besser fühlen?

Eine gute Frage. Du hast ja ein Thema bereits angeschnitten: die sozialen Medien und den Umgang damit.

Du denkst, das hat mit Social Media zu tun? Missionare gibts auch zuhauf außerhalb des Internets!

Das auf jeden Fall. Aber dort finden heute die allermeisten ihre mediale Bühne zur Selbstdarstellung.

In welcher Hinsicht?

In jeder Hinsicht. Die meisten der einschlägigen Plattformen sollten ursprünglich die kommunikative Vernetzung der Nutzer verbessern. Sinn und Zweck war es, dass sich Gruppen von Menschen leichter miteinander austauschen konnten. Es waren meist studentische

Systeme. Was läuft wann, wie und wo? Welche Veranstaltung steht an diesem Wochenende an? Statt wie vorher irgendwo hingehen zu müssen, um Neues zu erfahren oder in langen Telefonaten nacheinander Fakten auszutauschen, erledigt man das in sozialen Netzwerken mit ein paar Zeilen viel einfacher. Ein Klick und schon weiß jeder was Sache ist.

Aha. Aber ich sehe den Zusammenhang zum Thema Menschlichkeit noch nicht so ganz.

Geduld mein Freund. Damit das System funktionieren kann, müssen die Informationen, die Du anderen über diesen Kanal zur Verfügung stellen willst öffentlich einsehbar sein.

Du meinst so wie ein Aushang an einem schwarzen Brett?

Ja, nur dass dieses Infobrett meist nicht nur einem kleinen eingeschränkten Kreis von Adressaten zugänglich, sondern weltweit einsehbar ist. Im Gegensatz zu einer Pinnwand im Büro oder an der Uni, vergisst es zudem nichts. Es speichert die Aushänge und macht sie selbst nach Jahren noch abrufbar. Egal, was auch immer draufstand. Das System gleicht mehr einer Bühne als einem öffentlichen Aushang.

Einer Bühne?

Natürlich. Die „Aushänge" in den sozialen Netzwerken sind sehr persönlich geworden. Die Menschen stellen sich

114

dort dar! Ich frage Dich: Wie würdest Du Dich fühlen, wenn Du eine Bühne mit Millionenpublikum betreten müsstest?

Mulmig, vermutlich. Ich wäre angespannt und hätte Lampenfieber.

Würdest Du Dich dort so verhalten, wie bei Dir zu Hause?

Vermutlich nicht. Wie gesagt, ich wäre ja extrem aufgeregt.

Warum wärst Du angespannt?

Wegen der vielen Menschen, die mich dort sehen können. Ich will ja schließlich nicht rüberkommen wie der letzte Trottel. Die Leute sollen schon einen guten Eindruck von mir bekommen.

Du würdest also sicherlich Dein Bestes geben, nicht wahr?

Ja, klar. Ich würde versuchen, mich vorzubereiten. Würde nichts dem Zufall überlassen, denn bei so einem „Liveauftritt" kann ja einiges schief gehen.

Was zum Beispiel?

Na, ich könnte mich versprechen. Stolpern und hinfallen. Vielleicht kein Wort mehr rausbekommen.

Peinlich auch, wenn man vergessen hätte seinen Hosenstall zuzumachen ...

Kurzum, Du würdest in jedem Falle dafür sorgen, dass die Welt da draußen ein möglichst positives Bild von Dir hat. Dass Du bestmöglich „rüberkommst", wie Du sagtest, denn genau damit sicherst Du Dir die Aufmerksamkeit und den anschließenden Applaus Deines Publikums.

Wärst Du auf offener Bühne der, der Du bist, wenn Du wüsstest, dass mehr als die Hälfte der Zuschauer die Vorstellung von Dir für miserabel oder gar verachtenswert hielten?

Ähm ... vermutlich nicht. Denke dazu wäre ich in dem Moment zu feige. Oder sagen wir, ich hätte Angst, alleine auf der Bühne zu stehen, vor so vielen Andersdenkenden. Aber ist das nicht normal?

Natürlich ist diese Reaktion normal! Genau darum geht es ja! Es ist derselbe Effekt, mit dem sich täglich Abermillionen von Menschen konfrontiert sehen, wenn sie die Timeline ihres Netzwerkes öffnen und Dinge aus ihrem Leben publizieren. Oder checken, wie andere „Freunde" sowie „Follower" auf ihre Beiträge vom Vortag reagiert haben und sich ihren „Applaus abholen".

Du willst damit sagen, die meisten posten gar nichts über ihr reales Leben, beziehungsweise darüber wie sie wirklich sind?

Gegenfrage: Glaubst Du ernsthaft, die Schauspieler auf der Bühne eines Theaters kleiden sich privat genauso wie im Stück? Verhalten sich so, wie die Figur, die sie verkörpern sollen?

Natürlich nicht!

Warum nimmst Du dann an, die Menschen würden das auf einer „digitalen Bühne" anders machen?

Gute Frage. Schätze, Du hast Recht.

Wenn Du also Dinge dort postest, achtest Du unbewusst darauf, dass die Darstellung möglichst perfekt ist. Schließlich hast Du ja im Hinterkopf, dass alle Welt, oder zumindest ein größerer Kreis von Menschen, das mitlesen kann. Deine Familie, Deine Freunde, Dein Chef und Deine Kollegen. Niemand will sich gerne blamieren!

Gut, ich denke, das tun wir alle irgendwie. Keiner würde jetzt freiwillig Bilder ins Netz stellen, mit denen man sich öffentlich „zum Deppen macht".

Richtig. Und genau hier kommen wir wieder zu Deiner ursprünglichen Frage nach der fehlenden Menschlichkeit zurück. Es ist zutiefst menschlich, Fehler zu machen. Sich auch mal zu blamieren. Im kleinen oder privaten Kreis sicher kein Problem. Zumal einem das Umfeld solche liebevollen Schwächen schnell und leicht verzeiht. Sie sind morgen bereits Schnee von gestern.

In der Öffentlichkeit des Internets sieht das schon etwas anders aus. Nicht nur, dass es viele Menschen gibt, die aus einer Vielzahl von Gründen ihre Mitmenschen gerne an den Pranger stellen, das World Wide Web vergisst auch nichts. Das heißt: Es entsteht der Druck, sich so darstellen zu müssen, dass „Fans" dies am besten mit einem „like" bewerten und keinen Shitstorm[1] lostreten. Wie Du aus eigener Erfahrung weißt, sind viele Menschen selbst oft ihr größter Kritiker und so beginnen sie ihre digitale Bühne mit möglichst farbenprächtigen und realistisch wirkenden „Kulissen" zu verfeinern.

Du meinst, sie bauen so etwas wie eine Scheinwelt um sich herum auf?

Exakt. Darüber hatten wir uns ja schon im letzten Dialog[2] ausgiebig unterhalten. Kannst Du Dir nun vorstellen, welchen inneren Druck eine solche Vorgehensweise den meisten unbewusst beschert?

Sicher! Es ist in der Tat ziemlich anstrengend, diese selbsterrichtete Kulisse überall mit hinzuschleppen.

Genau so ist es. Sie ist im wahrsten Sinne des Wortes eine stetig größer werdende Last auf den Schultern vieler Menschen. Schließlich lauert überall, digitaler

---

Fototechnik sei Dank, der nächste Kritiker, der Deine wie auch immer gearteten „Ausrutscher" mit seiner Handykamera dokumentieren und ins Netz stellen könnte. Ein böser Spruch und schon hetzt die „Meute" los.

So langsam kapiere ich, worauf Du hinaus willst. Durch die Angst, andere könnten hinter das Geheimnis meiner selbst errichteten Fassade kommen, muss ich natürlich dafür sorgen, dass diese auch im realen Leben Wirkung zeigt.

Das wiederum führt zu einer ständigen latenten Unsicherheit im Umgang mit anderen Menschen. Man könnte auch sagen, dass sich das Lampenfieber der digitalen Bühne auf das reale Leben ausdehnt. Um bei unserem Eingangsvergleich mit dem Schauspieler zu bleiben: Es ist ein bisschen so, als müssten Darsteller ihre Rolle ebenso im Privatleben weiterspielen.

Was ja manchmal sogar vorkommen soll. Laut eigner Aussage ist selbst so mancher Tatortkommissar in der Freizeit von Passanten tatsächlich aufgefordert worden, als Polizist doch hier mal einzugreifen.

Der Unterschied ist der, dass professionelle Schauspieler diesen Irrtum gerne und schnell aufklären. Sie sind sich ja ihrer Rolle, die sie auf der Bühne spielen, vollends bewusst. Der Social-Media-Mime hingegen versucht, seinen Part auch abseits der Netzwerke aufrechtzuerhalten. Auf eine gewisse Weise inszeniert er ja sich selbst.

Du willst sagen: Nicht alle Menschen sind für ein Leben in der Öffentlichkeit bestimmt. Auch die großen Stars aus Theater, Film und Fernsehen mussten sich erst an diese Form der persönlichen Exponiertheit gewöhnen, und haben gelernt damit umzugehen.

*So ist es. Und es ist auch für noch so ausgebuffte Medienprofis in bestimmten Situationen schwierig, ja vielleicht manchmal sogar lästig. Selbst wenn der Vergleich in Sachen Bekanntheitsgrad etwas hinkt, so macht er doch eines deutlich: Die zunehmende Digitalisierung der Kommunikation bietet jedem Nutzer mehr Raum in der Öffentlichkeit. Und zwar mit allen sonnigen **und** schattigen Seiten. Darüber sind sich leider nur die wenigsten im Klaren.*

Okay. Daher entsteht so etwas wie ein „digital idealisiertes Menschenbild", dem man als Nutzer, süchtig nach Zustimmung und Anerkennung, wie ein mehr oder weniger Besessener hinterherjagt.

Daher auch die von Dir eingangs beschriebene Diskrepanz zwischen dem dargestellten eigenen Verhalten und der tatsächlich gelebten Respektlosigkeit gegenüber scheinbar Andersdenkenden im Alltag.

Das bedeutet aber auch, dass es wieder einmal nicht die Technik als solche ist, die das eigentliche Problem darstellt, sondern vielmehr der Mensch. Ausgelöst dadurch, dass ich die verschwommenen Grenzen zwischen dieser digitalen Scheinwelt und meiner eigenen analogen Wirklichkeit immer weniger erkenne.

Oder erkennen will ... Denn nur in einer digitalen Umgebung ist es einfacher, die ganze Welt zu verändern, anstatt sich selbst!

17. Januar 2020

Wenn ich mir die Diskussionen in den Social-Media-Kanälen so betrachte, finde ich es oft ziemlich verwunderlich, mit welcher verbalen Härte manche Menschen so um sich schlagen. Und das oft völlig ohne Notwendigkeit, aus meiner Sicht jedenfalls.

Warum wundert Dich das?

Na ja, weil ich nicht verstehe, weshalb man andere öffentlich beschimpfen, beleidigen oder gar denunzieren muss.

Müssen nicht, aber man kann. Und deshalb tut man es.

Wie bitte?

Es ist sicherlich nicht notwendig, aber einfacher. Denk an unser Bild der digitalen Bühne vom letzten Mal. Für viele ist es eben leichter andere vorzuführen, als sich selbst zu inszenieren. Vor allem dann, wenn in der Herabsetzung anderer eine gewisse Aufwertung der eigenen Person liegt.

Verstehe, aber das meinte ich gar nicht. Ich wollte auf etwas ganz anderes hinaus. Vor einiger Zeit hatte ich online eine lebhafte Diskussion verfolgt, in der sich ein Zeitgenosse über die fehlende behindertengerechte Ausstattung eines Lokales ereiferte. Er feuerte aus allen Rohren gegen die Besitzer, und zwar solange, bis seine Onlinehetze auch im realen Leben negative Auswirkungen in Form sinkender Besucherzahlen für die Gaststättenbetreiber hatte. Wie sich später herausstellte, war ihm offensichtlich entgangen, dass der Wirt für Rollstuhlfahrer einen Seiteneingang bereitstellte, den viele auch gerne nutzen. Ein klassisches Missverständnis also.

Es scheint so, als ob das Internet in dieser Hinsicht, und unter dem Deckmantel der Meinungsfreiheit, fast ein bisschen zu einer Art rechtsfreiem Raum verkommen ist. Man kann beschimpfen wen und wie lange man will, ohne dass man dafür Konsequenzen befürchten muss. Wie kommt das? Ich meine, die wenigsten dieser Menschen würden so eine Diskussion wohl öffentlich direkt vor dem Restaurant führen, oder?

Verständlich. Ein Grund hierfür ist natürlich der, dass man, sicher geschützt durch Monitor und Datenleitung, sich nicht mehr direkt einer unangenehmen Situation aussetzen muss, um seine Meinung kundzutun. Auch wenn viele Menschen den veröffentlichten Kommentar lesen können, so ist es dennoch weniger gefährlich für den Autor, als Auge in Auge mit den Kontrahenten eine Auseinandersetzung zu führen.

Du meinst, die empfundene Gefahr in Anbetracht wahrgenommener Konsequenzen ist nicht so ausgeprägt. Man muss keine Angst davor haben, für seine Aussage unter Umständen auch direkt körperlich zur Verantwortung gezogen zu werden.

Genau. Durch die räumliche und teils zeitliche Trennung zwischen der eigentlichen Situation und der Diskussion darüber, entsteht das Gefühl scheinbarer Sicherheit.

Scheinbar?

Ja, scheinbar. Die Sicherheit beruht auf der Tatsache, dass eine Meinungsverschiedenheit, online ausgetragen, ja nicht auf konventionelle Weise eskalieren kann. Der digitale Rahmen schafft ein subjektives Gefühl der Sicherheit.

So wie bei einem Heckenschützen, der unerkannt aus seinem Verschlag heraus agiert?

Nein. Ich meinte, dass auch hier wieder das Problem besteht, dass Gefühle nicht digitalisierbar sind. Würden sich die Kontrahenten einem realen Streitgespräch stellen, so könnten sie die Emotionen des jeweils anderen direkt wahrnehmen. Sie würden sehen und fühlen, wie ihr Gegenüber auf die vorgetragene Meinung reagiert. Wie sich seine Gesichtszüge verändern. Die Haltung. Ob er eventuell die Sache mit einer kleinen beschwichtigenden Geste und einem Blick auf die Nebentür ganz schnell entschärfen kann. All diese feinen Formen des direkten menschlichen Miteinanders, fallen hier aber einer sehr harten Variante der digitalen Trennung zum Opfer.

Wie Du schon sagtest: Gefühle sind eben nicht digitalisierbar.

Der Unterschied zu Deinem Heckenschützen ist allerdings der, dass diese Form des Angriffs nicht vordergründig aus dem Motiv heraus entsteht, jemanden anderen verletzen zu wollen.

Verstehe. Es geht eher um die Selbstdarstellung. Du sprachst vorhin aber von *einem* Grund. Was wäre denn der andere?

Die greifbaren Vorzüge der digitalen Technik.

125

Welche meinst Du?

Die Tatsache, dass sich Dinge digital auch ganz einfach wieder korrigieren oder sogar löschen lassen.

Kannst Du mir das bitte etwas näher erklären?

Aber klar doch. Lass mich dazu ein bisschen ausholen. Wenn Du an Deine Schulzeit zurückdenkst, so ist Dir sicherlich noch der Schreibmaschinenkurs in Erinnerung, den Du als Gymnasiast freiwillig besucht hast, oder?

Ja. Ich dachte, als angehender Informatiker wäre es sicherlich einfacher und angenehmer fließend mit zehn Fingern schreiben zu können, statt mit zweien mühselig die richtigen Tasten suchen zu müssen.

Weißt Du noch, wie sich das analoge Tippen anfühlte?

Das war tatsächlich ganz anders als auf der modernen flachen Computertastatur. Es brauchte richtig Kraft in den Fingern.

Was schätzt Du am meisten an Deinem neuen digitalen Arbeitsgerät im Vergleich zur guten alten mechanischen Schreibmaschine?

Ganz einfach: Die Tatsache, dass ich den Text erst am Bildschirm fertig tippen kann, bevor ich ihn ausdrucke. Ich meine, ich kann alles über die Tastatur eingeben, sauber formatieren, eventuelle Fehler korrigieren und ihn dann erst ausgeben. Mit der guten alten Schreibmaschine ging das nicht. Hatte man sich vertippt, gab es zwar Korrekturflüssigkeit, das Ergebnis sah aber nicht mehr wirklich schön aus. Man musste also alles nochmal fehlerfrei tippen, wollte man einen sauberen Geschäftsbrief haben.

Wenn Du beide Techniken miteinander vergleichst, stellst Du also fest, dass die alte mechanische Form des Schreibens weniger fehlertolerant war. Einmal vertippt, war die saubere Optik des Schriftstücks dahin, korrekt?

Ja, das kann man so sagen.

Bei der modernen Form der Textverarbeitung können Fehler viel leichter, und für das Druckergebnis sogar gänzlich ohne Folgen, wieder gelöscht oder korrigiert werden.

Worauf willst Du hinaus?

Auf die Tatsache, dass Fehler im digitalen Raum oft weniger bis gar keine (materiellen) Konsequenzen nach sich ziehen. Entstehen sie beispielsweise nur während der Eingabe oder in einem Designprozess, sind sie recht schnell und einfach korrigierbar. Digitale Helfer unterstützen Dich, zum Beispiel beim Tippen dieses Buches, auch bei der Rechtschreibung.

Ach so, ich glaube, langsam dämmert es mir, worauf Du hinaus willst. Du meinst, dass diese Form des Denkens auch auf die Menschheit abfärbt. Dass bestimmte Handlungen einfach keine Konsequenzen oder reale Auswirkungen mehr haben, denn man kann sie ja bequem und digital wieder ungeschehen machen.

Exakt darauf wollte ich hinaus. Der nahezu selbstverständliche Umgang mit der Technik führt zu einem ganz anderen Denken als noch vor fünfzig Jahren. Es gibt beispielsweise auch in vielen Bereichen der Industrie oder der Flug- und Raumfahrttechnik jede Menge Simulatoren, die den Menschen vor einer realen negativen Erfahrung schützen. Es braucht oft keinen Crashversuch mehr, um bestimmte Schwachstellen aufzudecken. Ein Klick, und die Software zeigt von sich aus mögliche Fehlerquellen an, die anschließend ohne schlimme Folgen wieder korrigiert werden können.

Erinnert mich ein wenig an die lustigen Zeichentrickfilme meiner Kindheit. Die meist tierischen Protagonisten erschossen sich oder sprengten sich gegenseitig in die Luft, ohne dass sie an den Folgen starben.

Kein schlechter Vergleich.

Gut, aber die Zeichentrickfilme hatten ja auch keine schädlichen Auswirkungen auf meine geistige Entwicklung. Jedem Kind war damals automatisch klar, dass das nicht real ist und man niemanden mit einem Hammer schlagen kann, ohne dass es richtig blutet. Warum sollte das hier anders sein?

*Weil es hier eben nicht um das gefühlt reale Leben geht.
Im Unterschied zu Dir und Deinen Freunden damals,
trennt die meisten eine verschlüsselte Datenleitung von
ihren „Spielgefährten". Sie sind nicht die Konsumenten,
sondern die Produzenten des „Zeichentrickfilms".*

Verstehe.

*Inspiriert durch ihre digitalen Vorbilder, lassen sie sich
immer häufiger dazu verleiten, auch in ähnlichen
Bahnen zu denken und zu handeln. Für sie sind es nur
ein paar Worte auf der Tastatur. In einem Anflug von
Emotionen, und in gekonnter Inszenierung der eigenen
Person, flink in die Eingabemaske gehackt.*

Ohne das wahre Gefühl, das entstünde, würden sie
der oder den Betroffenen wahrhaftig gegenüberstehen.

*Korrekt. Getrennt von genau dieser natürlichen
Zurückhaltung und dem eventuell empfundenen Respekt
möchte ich fast sagen, entsteht auch eine künstliche, ja
nahezu wesensfremde Form der Kommunikation. Das
im wahrsten Sinne des Wortes bodenständige menschliche
Miteinander gerät in Vergessenheit. Die Realität wird in
solchen Augenblicken ausgeblendet. Sie rückt in den
Hintergrund und mit ihr die realen Konsequenzen des
eigenen digitalen Handelns.*

Erinnert mich fast ein wenig an die neue Generation
von Soldaten. Ich meine die moderne Form der
Kriegsführung via Drohnen, wie sie in den USA zum
Beispiel bereits im Einsatz ist.

Gutes Exempel. Der Krieger des einundzwanzigsten Jahrhunderts steigt nicht mehr selbst in den Flieger oder fährt mit dem Schiff ins Krisengebiet. Er hat seinen behüteten Arbeitsplatz zu Hause. In einem mit digitaler Technik nur so vollgestopftem Raum und einem Joystick mit dem er Drohnenangriffe am anderen Ende der Welt fliegen kann, ohne sich selbst je in Gefahr gebracht zu haben. Ohne sich dem Leid der durch sein Handeln hervorgerufenen Attacke auszusetzen. Sicher, digital und ethisch vertretbar, denn das Computersystem hat die Feinde vorher fehlerfrei identifiziert.

Darf ich Dich etwas fragen? Meinst Du, ohne diese räumliche Trennung würde das Ergebnis weniger schlimm und blutig ausfallen?

Ganz sicher. Denkst Du nicht, es ist für die allermeisten ein riesiger Unterschied, ob sie einem Menschen dabei in die Augen blicken oder nicht? Die Konsequenz ihres Handelns, in diesem Falle also der Tod einer oder mehrerer Personen, hat in der bewussten Wahrnehmung vor Ort einen ganz anderen Effekt auf die menschliche Psyche, als der entfernte Blick auf den Monitor.

Die digitale Welt überträgt keine Schmerzen, keine Gerüche, keine Schreie und treibt die eigene Adrenalinproduktion meist auch nicht derart in die Höhe, als wärst Du in dieser Situation live dabei.

Die Konsequenzen sind weniger spürbar.

Das Leben ist weniger spürbar!

Ja, da ist was dran. Auch wenn der normale Mensch im Alltag sicher kein Drohnenpilot ist und per Mausklick Fremde tötet, so gibt es doch viele Parallelen. Nicht im Hinblick auf die Tötung, sondern auf die Abgeschnittenheit vom eigentlichen Geschehen. Die Trennung auch von den Konsequenzen unseres digitalen Handelns.

Genau so ist es. Das Problem ist nicht die Technik, sondern der Gedanke.

Welcher Gedanke?

Der Trennungsgedanke.

Über den Autor

Der gebürtige Coburger, Jahrgang 1972, lebt und arbeitet als Natur-Coach, Autor und psychologischer Berater in seiner Heimatstadt, ganz im Norden Bayerns. Nach dem Studium der Wirtschaftsinformatik und der langjährigen Tätigkeit als IT- und Internetfachmann, begann er bereits vor mehr als 14 Jahren sich aufgrund eigener gesundheitlicher Probleme mit alternativen Behandlungsmethoden für stress- und angstbedingte Erkrankungen auseinanderzusetzen. Zahlreiche Ausbildungen hierzu folgten.

Dirk Stegner bietet regelmäßig auch Vorträge, Workshops und Seminare zu seinen Buchthemen an. Weitere Informationen zu aktuellen Terminen erhalten Sie hier:

www.der-natur-coach.de

info@der-natur-coach.de

Natur-Coaching

Eigene Wege aus Stress,
Angst und Burnout finden

Hardcover, Februar 2017

Printausgabe (ISBN 978-3-7431-8029-1)
E-Book (ISBN 978-3-7431-4779-9)

In Wahrheit ich

Wie die Sichtweisen anderer
mein Leben bestimm(t)en.

Taschenbuch, März 2018

Printausgabe (ISBN 978-3-7460-8948-7)
E-Book (ISBN 978-3-7528-8180-6)

Weisheit zwischen Wald und Wiese

Wie die Natur lernt und
was wir von ihr lernen können.

Hardcover, November 2018

Printausgabe (ISBN 978-3-7481-1142-9)
E-Book (ISBN 978-3-7481-6990-1)